ISBN 978-2-7005-0625-9
ISSN 2266-1158

Diseño gráfico: Atwazart

Francés

Estelle Demontrond-Box

Adaptado al español por Belén Cabal

ASSiMiL

B.P. 25
94431 Chennevières sur Marne cedex
Francia

Este libro no pretende reemplazar un curso de idiomas, pero si inviertes un poco de tiempo en su lectura y aprendes algunas frases útiles, te darás cuenta de que rápidamente podrás participar en conversaciones básicas con franceses, lo cual enriquecerá la experiencia de tu viaje.

Un consejo: ¡no busques la perfección! Tus interlocutores perdonarán los errores que puedas cometer y agradecerán tu esfuerzo por comunicarte en su idioma. **Lo más importante es que abandones tus complejos y te atrevas a hablar.**

Parte I
INTRODUCCIÓN 9

Cómo utilizar esta guía 9
Francia: datos y cifras 10
Un poco de historia 12
El francés 13

Parte II
INICIACIÓN 17

Del 1er al 21er día 17

Parte III
CONVERSACIÓN 59

Primeros contactos 59
- Saludar 59
- Desear 60
- Acuerdo y desacuerdo 61
- Formular preguntas 62
- Dar las gracias 62
- Lenguaje corporal 63
- Hacerte entender 64

Conocer gente 65
- Encontrarse 65
- Presentarse 66
- Decir el origen 67
- Decir la edad 69
- Hablar de la familia 69
- Decir a qué te dedicas 71

Expresar opiniones 73
Aceptar invitaciones 74
Reunirse... 75
... y charlar 75
Religiones y tradiciones 77
Festividades importantes 78
Días festivos 78
El tiempo 79
Tiempo y calendario 80
Decir la hora 80
Días, meses y fechas 81
Las estaciones 83
Hablar de 'cuándo' y 'cada cuánto' 83
Pedir ayuda 84
Urgencias 84
Señales, letreros y abreviaturas 86
Señales y letreros 86
Abreviaturas 87
Viajar 88
Control de pasaporte y aduana 88
Dinero 89
Volar 90
En autobús o tren 91
En barco 93
En taxi 94
En bicicleta 95
En coche 96

En la ciudad 100
Encontrar una dirección 100
Utilizar el transporte público 101
Visitar un museo 102
Lugares de interés 103
Enviar una carta 104
Llamar por teléfono 105
Conectarse a internet 106
Denunciar un robo o pérdida 107
Acudir a una representación 108
En la peluquería 108

Actividades al aire libre 109
Deportes de ocio 109
En la piscina y en la playa 110
Camping 111
Árboles y plantas 112
Animales 113
Insectos y alergias 114

Alojamiento 115
Hacer una reserva 115
En el hotel 117
Desayuno 118
Resolver problemas 119
Pagar 120

Comer y beber 121
En el restaurante 121
Especialidades y platos tradicionales 123
Vocabulario de comida 125

Quesos 130
Bebidas 131
Otras bebidas 133

De compras **133**
Tiendas y servicios 133
Libros, periódicos, revistas y música 135
Lavandería y tintorería 136
Comprar ropa 136
Fumar 139
En la tienda de fotos 140
Artículos de aseo 141
Recuerdos 141

Citas profesionales **142**
Fijar una cita por teléfono 142
Cargos 143
En el lugar de trabajo 144
Vocabulario de empresa 144
Ferias y exposiciones 145

Salud **146**
Si necesitas atención médica... 146
Síntomas 147
Dolores y partes del cuerpo 148
Salud de la mujer 149
Tratamiento 150
En el dentista 151
En la óptica 152
En la farmacia 153

Parte IV

ÍNDICE TEMÁTICO 156

Introducción

↗ Cómo utilizar esta guía

Parte 1: Iniciación

¿Dispones de media hora al día? ¿Tienes tres semanas antes de tu viaje? En ese caso, lánzate a las 21 minilecciones especialmente desarrolladas para que te familiarices con el francés en tan solo 21 días. Estas minilecciones están dirigidas a principiantes sin conocimientos previos del francés y te darán los elementos básicos que necesitas para comprender y dirigirte a la gente en todo tipo de situaciones.

• Descubre la lección diaria, y utiliza las transcripciones fonéticas para ayudarte a leer el francés en voz alta. ¡Repítelas tantas veces como quieras!

• Comprueba la traducción en español, así como la traducción palabra por palabra, lo que te ayudará a acostumbrarte a la estructura de la lengua.

• Lee las notas que siguen la lección: explican los principales puntos lingüísticos para que los puedas aplicar en otros contextos.

• Finalmente, haz el pequeño ejercicio que te ayudará a consolidar lo que has aprendido.

A día siguiente, pasa a la siguiente lección. Dedicar un rato cada día para hacer un poco de francés es la manera más efectiva de aprender y recordarlo.

Parte 2: Conversación

Esta sección te da las herramientas necesarias para manejarte en las diversas situaciones en las que puedes encontrarte durante tu viaje. Proporciona vocabulario útil y expresiones que puedes utilizar en muchos contextos. El francés va acompañado de una traducción, así como de una transcripción fonética que te ayudará a pronunciarlo. Este 'kit de supervivencia' listo para usar es todo lo que necesitas para ser un viajero autónomo.

↗ Francia: datos y cifras

Superficie (Francia continental y Córcega)	551 500 km^2
Población	65 630 692 (2012 est.)
Capital	París
Departamentos de ultramar, territorios y colectividades	Guadalupe, Martinica, Guayana Francesa, Reunión, Mayotte, Polinesia Francesa, San Pedro y Miquelón, Wallis y Futuna, San Martín, San Bartolomé, Nueva Caledonia
Fronteras terrestres	Alemania, Andorra, Bélgica, España, Italia, Luxemburgo, Mónaco, Suiza
Fonteras marítimas	Canal de la Mancha, Océano Atlántico, Mar Mediterráneo
Idiomas	Francés; lenguas y dialectos regionales, entre los que están el provenzal, bretón, alsaciano, corso, occitano, catalán y vasco
Gobierno	República gobernada por un presidente y un parlamento bicameral llamado la Asamblea Nacional; Francia está dividida en 27 regiones y 101 departamentos
Fiesta nacional	14 de julio (Fiesta nacional – conmemora el aniversario de la toma de la Bastilla y el derrocamiento de la monarquía)

Francia es el país más grande de la Unión Europea por extensión, y cuenta con diversos paisajes, desde las cadenas montañosas de los Alpes en el este y los Pirineos en el suroeste hasta las cuencas bajas de los ríos, como el Ródano, que desemboca en el Mar Mediterráneo. El Mont Blanc (4 810 m) en los Alpes es el punto más alto de Europa occidental. A Francia se le llama a menudo 'el hexágono' por su forma.

La quinta economía más grande del mundo. El país tiene una economía industrial avanzada y también es un importante productor agrícola. Está en el corazón político de Europa y es miembro destacado de organismos internacionales como la OTAN y la ONU.

Francia es un país laico, aunque la religión predominante ha sido, históricamente, el catolicismo romano. También cuenta con la mayor comunidad judía de Europa, así como con la mayor comunidad musulmana, el 5-10% de la población.

La Francia de hoy es multicultural, con inmigrantes procedentes principalmente de otros países de Europa, Norte de África, Asia y África sub-sahariana. Además de París, sus ciudades importantes son Marsella y Lyon, ambas con más de 1,5 millones de personas, seguidas por Lille, Toulouse, Burdeos y Niza.

Francia es un destino muy popular para los turistas, ¡por lo que es el país más visitado en el mundo!

Un poco de historia

A pesar de que los hallazgos arqueológicos indican que los primeros humanos modernos llegaron a Francia hace 40 000 años (y mucho antes de eso ya estaban presentes antepasados anteriores), la historia de lo que ahora conocemos como Francia comienza realmente con la región que los romanos llamaron Galia, en referencia a los celtas galos que eran la población principal de la zona. En el primer milenio antes de Cristo, los griegos y los romanos establecieron colonias allí, y en el 51 a. C. Galia fue conquistada por Roma.

En las etapas posteriores del Imperio romano, los franco-germánicos aumentaron su dominio, y en el 486 d. C., el rey franco Clodoveo I unió la Galia bajo su gobierno. Los francos gobernaron durante cientos de años, alcanzando su máximo esplendor bajo Carlomagno. La parte occidental del imperio de Carlomagno, Francia occidental, se convirtió en el reino de Francia, y en el 987 d. C. se estableció la monarquía francesa. Los siguientes siglos vieron una sucesión de conflictos religiosos y políticos, pero Francia aumentó su poder y en el siglo XVI comenzó un imperio colonial.

En 1789, la Revolución Francesa derrocó a la monarquía, un acontecimiento que conmovió al mundo. En el siglo siguiente, el país alternó entre las diferentes formas de gobierno: de la república al imperio (bajo Napoleón Bonaparte), a la monarquía, de vuelta a la república, y así sucesivamente, estableciéndose finalmente una república más estable en 1870.

En el siglo xx, Francia se vio involucrada en las dos Guerras Mundiales. Sufrió grandes pérdidas en la Primera Guerra Mundial, que dejó 1,4 millones de muertos franceses. En la Segunda Guerra Mundial, el país fue conquistado por la Alemania nazi, que lo ocupó desde 1940 hasta 1944. Después de su liberación al final de la Segunda Guerra Mundial, se estableció la forma actual de gobierno de Francia, y el país se convirtió en la potencia moderna que es hoy.

Durante su historia, Francia ha tenido una gran influencia en varios campos, incluyendo la literatura, la filosofía, la ciencia, el arte, el cine y la moda. Por no hablar de elaboración del vino y la gastronomía, quizás sus exportaciones más famosas.

↗ El francés

Se estima que hay unos 260 millones de personas que hablan francés es el mundo. El francés es la segunda lengua extranjera más estudiada después del inglés. Se habla en unos 48 países, no solo en Francia y sus territorios exteriores, sino también en regiones de Bélgica, Luxemburgo, Mónaco, Andorra así como en Quebec en Canadá. También se habla en numerosos países africanos y del sudeste asiático. Por su antiguo estatus de lengua de la diplomacia, sigue desempeñando un papel muy importante en instituciones internacionales como la ONU y la UE.

El alfabeto

El alfabeto francés es casi el mismo que el español, salvo que ellos no tienen la letra ñ.
a *[a]*, **b** *[be]*, **c** *[se]*, **d** *[de]*, **e** *[e]*, **f** *[ef]*, **g** *[ye]*, **h** *[ash]*, **i** *[i]*, **j** *[yi]*, **k** *[ka]*, **l** *[el]*, **m** *[em]*, **n** *[en]*, **o** *[o]*, **p** *[pe]*, **q** *[kî]*, **r** *[er]*, **s** *[es]*, **t** *[te]*, **u** *[î]*, **v** *[ve]*, **w** *[dublê ve]*, **x** *[iks]*, **y** *[igrek]*, **z** *[sed]*

Pronunciación

Desgraciadamente, el francés no se pronuncia exactamente como se escribe. Además, tiene algunos sonidos que no existen en español. La mejor manera de verlo es utilizando las transcripciones fonéticas que te proporcionamos y leer el texto en voz alta, intentando exagerar al máximo el acento francés. No tengas vergüenza, los franceses no te tomarán por tonto. Es su idioma, ¡y valorarán tu esfuerzo!

Estas son algunas de las dificultades para los hablantes de habla hispana:

- Letras mudas: algunas letras no se pronuncian. Esto ocurre generalmente con las letras que van al final de las palabras, tales como las consonantes finales: por ejemplo, **salut** *[salî]* *hola*. Además, la 'h' francesa, al igual que la española, es muda: **homme** *[om]* *hombre*.

- Ligadura: a veces, una consonante final –que por lo general sería muda– se pronuncia cuando la palabra siguiente comienza por vocal o por '**h**': **les enfants** *[le sa^{n}fa^{n}]*. Esto se conoce como "**liaison**".

• Las vocales nasales: en francés hay sonidos vocálicos nasales que se producen con las sílabas que terminan en '**n**' o '**m**'. La '**n**' o '**m**' son mudas, pero hacen que la vocal precedente sea nasal. Esto no existe en español, pero se parece a cuando tenemos la nariz congestionada. En la transcripción fonética lo señalaremos con una 'n' en superíndice: ^{n}.

• La '**r**': se pronuncia completamente diferente de la 'r' española: es un sonido gutural parecido a la 'g' española. Para pronunciarlo, coloca la base de la lengua en la parte posterior de la garganta y la punta de la lengua detrás de los dientes inferiores, ¡como si estuvieras haciendo gárgaras!

• La '**j**' tiene un sonido parecido a la 'y' de los argentinos en "yo". Casi como si delante de la 'y' hubiera una 's'.

• La '**g**' seguida de '**e**' o '**i**' suena casi como la '**j**' francesa, pero un poco más suave, casi una 'sh'.

• La '**u**' cerrada: la mejor manera de acercarse a su pronunciación es colocando la boca como para decir una 'u', pero emitiendo una 'i'. En nuestra fonética la marcamos con una î.

• La '**e**' cerrada: se pronuncia colocando la boca para decir una 'u', pero diciendo una 'e'. En nuestra fonética, ê.

• La '**v**': a diferencia del español, la '**v**' francesa se distingue completamente de la 'b'. Se pronuncia casi como una 'f', pero suave.

Y recuerda: ¡la práctica hace al maestro!
¿Listo? ¡Empecemos!

Iniciación

↗ DÍA 1

Je m'appelle...
Me llamo...

1 Bonjour ! Comment vous appelez-vous ?
bonyur koma^n vu saple vu
¡hola! ¿cómo usted llama-usted?
¡Buenos días! ¿Cómo se llama?

2 Je m'appelle Alexandre. Enchanté !
yê mapel alexa^{n}dr a^{n}sha^{n}te
Me llamo Alexandre. ¡Encantado!

3 D'où venez-vous ?
du vêne vu
¿de-dónde viene-usted?
¿De dónde es usted?

4 Je viens d'Australie. J'habite à Brisbane.
yê via^n dostrali yabit a brisban
Soy de Australia. Vivo en Brisbane.

Notas

Vous es la segunda persona del plural, *vosotros/as*, pero también significa *usted*.
Observa que, en francés, el verbo siempre va acompañado del pronombre personal: **Je m'appelle Marie**, *Yo me llamo María*.
En francés se dice de dónde "vienes", en lugar de dónde "eres": **Je viens de** *(Soy de)* + el país. Si el país comienza con una vocal, **Je viens de** se convierte en **Je viens d'** → **Je viens d'Australie**.

Practica – Traduce las siguientes frases:

1. ¿Como te llamas?

2. ¿De dónde es usted?

3. Je m'appelle Sophie.

4. J'habite à New York.

Respuestas:

1. Comment t'appelles-tu ?

2. D'où venez-vous ?

3. Me llamo Sophie.

4. Vivo en Nueva York.

↗ DÍA 2

Voici Hélène !
¡Esta es Elena!

1 **Marc, je te présente Hélène, une amie.**
mark yê tê presa^{n}t elen în ami
Marc, te presento a Hélène, una amiga.

2 **Enchanté ! Vous êtes ici en vacances ?**
a^{n}sha^{n}te vu set isi a^n vaka^{n}s
¡Encantado! ¿Estás aquí de vacaciones?

3 **Oui, je suis ici avec mon mari et mon fils.**
ui yê sui isi avek mo^n mari e mo^n fis
Sí, estoy aquí con mi marido y mi hijo.

4 **Quel âge a votre fils ?**
kel ash a votrê fis
¿Cuántos años tiene tu hijo?

5 **Il a douze ans.**
il a dus a^n
Tiene 12 años.

Notas

Cuando presentas a alguien, puedes decir **Voici Hélène.** *Esta es Elena.* o **Je vous présente Hélène.** *Te presento a Elena.*
avoir *tener* y **être** *ser/estar* son verbos irregulares:

avoir *tener*		**être** *ser / estar*	
j'ai	*yo tengo*	**je suis**	*yo soy / estoy*
tu as	*tú tienes*	**tu es**	*tú eres / estás*
il/elle a	*él/ella tiene*	**il/elle est**	*él/ella es / está*

nous avons	*nosotros/as tenemos*	nous sommes	*nosotros/as somos / estamos*
vous avez	*vosotros/as tenéis*	vous êtes	*vosotros/as sois / estáis*
ils/elles ont	*ellos/ellas tienen*	ils/elles sont	*ellos/ellas son / están*

Al igual que en español, los sustantivos en francés tienen género (masculino o femenino) pero es mejor que memorices el género cuando aprendas un nuevo sustantivo ya que a veces no coincide con el español.

Practica – Traduce las siguientes frases:

1. Esta es Sophie.
2. Tengo 30 años.
3. Quel âge as-tu ?
4. Il est en vacances ?

Respuestas:

1. Voici Sophie. / Je te/vous présente Sophie.
2. J'ai trente ans.
3. ¿Cuántos años tienes?
4. ¿Está (él) de vacaciones?

DÍA 3

Les passants
Los viandantes

1 **La femme est très grande !**
la fam e tre gra^{n}d
¡La mujer es muy alta!

2 **Oui, et l'homme est petit !**
ui e lom e pêti
Sí, ¡y el hombre es pequeño!

3 **Regarde, le chapeau bleu est vraiment joli !**
rêgard lê shapo blê e vrema^n yoli
Mira, ¡el sombrero azul es realmente bonito!

4 **Et les enfants sont si mignons !**
e le sa^{n}fa^n so^n si miño^n
¡Y los niños son tan monos!

Notas

No olvides que la mayoría de las consonantes finales en francés son mudas. Por ejemplo, en **est** no se pronuncia la 'st': **est** *[e]*. Asimismo, en las palabras en plural, las dos consonantes finales son mudas: **enfants** *[a^{n}fa^n]*. Pero si la consonante final va seguida de una **e** muda, entonces sí se pronuncia: **grande** *[gra^{n}d]*.
Según estas reglas, normalmente **les** se pronunciaría *[lay]*. Pero si una consonante normalmente muda va seguida de una palabra que comienza por vocal o por una **h** muda, la consonante sí se pronuncia (**les enfants** = *[le sa^{n}fa^n]*). Esto se llama **liaison**.
Le, **la**, **les** y **l'** son todas las formas del artículo definido. Concuerdan con el género y el número del sustantivo: **le** se utiliza con un sustantivo masculino singular (**le chapeau**); **la** con un

sustantivo femenino singular (**la femme**); **les** con un sustantivo plural (masculino o femenino) (**les enfants**) y **l'** con un sustantivo singular que empiece por vocal o por '**h**' muda (**l'homme**). El género y el número de un sustantivo también varía la forma del adjetivo que lo acompaña. Generalmente el femenino se forma añadiendo una **-e** al final del adjetivo (**l'homme est petit → la femme est petite**), y el plural añadiendo una **-s** (**l'enfant est mignon → les enfants sont mignons**).

Practica – Traduce las siguientes frases:

1. Los niños son monos.
2. El sombrero es pequeño.
3. L'homme est grand.
4. La femme est jolie.

Respuestas:

1. Les enfants sont mignons.
2. Le chapeau est petit.
3. El hombre es alto.
4. La mujer es guapa.

DÍA 4

Au café
En el café

1 **Un coca et une limonade, s'il vous plaît !**
a^n koka e în limonad sil vu ple
Un refresco de cola y una gaseosa, por favor.

2 **Avec des pailles ?**
avek de pa-i
¿Con pajitas?

3 **Oui, merci. Oh, et un café !**
ui mersi o e a^n kafe
Sí, gracias. ¡Ah, y un café!

4 **D'accord. Et voici une chaise pour votre ami !**
dakor e vuasi în shes pur votr ami
De acuerdo. ¡Y aquí tiene una silla para su amigo!

Notas

El artículo indefinido es **un** para el masculino, **une** para el femenino y **des** para el plural.
La mayoría de sustantivos añaden una **-s** para formar el plural (**une chaise** → **des chaises**). La **-s** no se pronuncia. Sin embargo, los sustantivos que acaban en **s**, **x** o **z** no cambian en plural: **un prix** *un precio* → **des prix** *unos precios*.
Observa que *Sí, por favor* se dice *Sí, gracias*: **Oui, merci**.
En un café o en un bar, para llamar la atención del camarero, simplemente levanta discretamente la mano y di **S'il vous plaît !** *¡Por favor!* Es frecuente que la gente añada **monsieur** *señor*, **madame** *señora* o **mademoiselle** *señorita*, que se consideran fórmulas corteses para dirigirse a personas en situaciones de servicio.

Practica – Traduce las siguientes frases:

1. Por favor.
2. Gracias, señora.
3. **D'accord.**
4. **Voici votre café.**

Respuestas:

1. **S'il vous plaît.**
2. **Merci, madame.**
3. De acuerdo.
4. Aquí está su café.

↗ DÍA 5

La famille et les animaux domestiques
La familia y los animales domésticos

1 **As-tu des frères et sœurs ?**

a tî de frer e sêr

¿Tienes hermanos y hermanas?

2 **Non, je suis fille unique.**

no^n yê sui fi înik

No, soy hija única.

3 **Et ton mari et toi, vous avez des animaux domestiques ?**

e to^n mari e tua vu save de sanimo domestik

Y tu marido y tú, ¿tenéis animales domésticos?

4 **Nous avons un chat et deux chiens. Ils sont gentils !**

nu savo^n a^n sha e dê shia^n il so^n sha^{n}ti

Tenemos un gato y dos perros. ¡Son encantadores!

Notas

En la transcripción fonética, una *n* en superíndice indica una vocal nasal. Cuando la pronuncias, el aire escapa a la vez por la boca y por la nariz, como si estuvieras resfriado. La '**n**' o '**m**' que sigue a la vocal normalmente no se pronuncia.

Une fille significa *una hija* y *una chica*; **un fils** *un hijo*. La forma plural de esta última es **des fils**. Los sustantivos que terminan en **-s** no cambian en plural. Observa también **un animal → des animaux**: las palabras que acaban en **-al** generalmente hacen el plural con **-aux**.

En francés, los adjetivos posesivos (*mi, tu, su, nuestro/a, vuestro/a, su*) concuerdan en género y número con el sustantivo al que modifican, por eso tienen tres formas diferentes cada uno. Por ejemplo, **ton** *tu* se utiliza con un sustantivo masculino o con un sustantivo que comience por una vocal (**ton mari** *tu marido*, **ton enfant** *tu niño*); **ta** con un sustantivo femenino (**ta femme** *tu mujer*; observa que **femme**, al igual que en español, significa tanto *mujer* como *esposa*); y **tes** con un sustantivo plural (**tes amis** *tus amigos*).

Practica – Traduce las siguientes frases:

1. Tengo un hermano.
2. Tu marido es amable.
3. Ce sont tes fils ?
4. Nous avons deux sœurs.

Respuestas:

1. J'ai un frère.
2. Ton mari est gentil.
3. ¿Son tus hijos?
4. Nosotros tenemos dos hermanas.

↗ DÍA 6

Au marché
En el mercado

1 **Bonjour, je voudrais des œufs, s'il vous plaît.**
bonyur yê vudre de sê sil vu ple
Buenos días, quería huevos, por favor.

2 **Bien sûr. Autre chose ?**
bia^n sîr otrê shos
bien seguro. ¿otra cosa?
Por supuesto. ¿Algo más?

3 **De la crème et du fromage aussi.**
dê la krem e dî fromash osi
También nata y queso.

4 **Du fromage, je vous en mets combien ?**
dî fromash yê vu sa^n me ko^{n}bia^n
¿Cuánto queso quiere?

5 **Un gros morceau ! J'adore le fromage !**
a^n gro morso yador lê fromash
¡Un trozo grande! ¡Me encanta el queso!

Notas

Du, **de la, d'** y **des** se utiliza para referirse a una cantidad indeterminada (*algo, un poco*). Las palabras masculinas utilizan **du** (**du fromage**), las femeninas **de la** (**de la crème**), las que comienzan por vocal de **l'** (**de l'eau** *agua*), y los plurales **des** (**des œufs** – ten cuidado, en el plural de esta palabra no se pronuncia la '**f**'). Para pedir algo, puedes utilizar el verbo **vouloir** *querer* tanto en el presente como en el condicional. Aquí tienes algunas conjugaciones de este útil verbo irregular. Otra forma educada de pedir algo es con el condicional del verbo **aimer** *gustar/querer*.

je veux	*yo quiero*
tu veux	*tú quieres*
il/elle veut	*él/ella quiere*
nous voulons	*nosotros/as queremos*
vous voulez	*vosotros/as queréis*
ils/elles veulent	*ellos/ellas quieren*

je voudrais...	*yo quisiera...*
nous aimerions...	*nosotros quisiéramos...*
Aimeriez-vous ?	*Os gustaría...?*

Practica – Traduce las siguientes frases:

1. Querría huevos, por favor.
2. ¿Cuánto(s)?
3. **Je voudrais de l'eau.**
4. **Voulez-vous un café ?**

Respuestas:

1. **Je voudrais/J'aimerais des œufs, s'il vous plaît.**
2. **Combien ?**
3. Querría agua.
4. ¿Queréis un café?

↗ DÍA 7

À la gare
En la estación

1 **Excusez-moi, monsieur. Où est le quai C ?**
exkuse mua mêsiê u e lê ke se
Disculpe, señor. ¿Dónde está el andén C?

2 **Il est là-bas, après le quai B. Vous voyez ?**
il e la ba apre lê ke be vu vuaye
Está allí, después del andén B. ¿Lo ve?

3 **Merci ! Et à quelle heure part le train pour Besançon ?**
mersi e a kel êr par lê tra^n pur bêsa^{n}so^n
¡Gracias! ¿Y a qué hora sale el tren para Besançon?

4 **Il part à 15 heures. Bon voyage !**
il par a ka^{n}s êr bo^n vuayash
Sale a las 3 de la tarde. ¡Buen viaje!

Notas

Para formular una pregunta en francés puedes: 1) Subir la voz al final de la frase: **Tu vas à Paris ?** *¿Vas a París?* 2) Añadir **Est-ce que** al principio de la frase: **Est-ce que tu vas à Paris ?** 3) Invertir el sujeto y el verbo: **Vas-tu à Paris ?**
Además, una pregunta puede comenzar con una partícula interrogativa:

Qu'est-ce que...?	*¿Qué...?*	**Quel** *(m.)*/ **Quelle** *(f.)*/ **Quels** *(m. pl.)*/ **Quelles** *(f. pl.)*...?	*¿Cuál...?*
Quand... ?	*¿Cuándo...?*	**À quelle heure... ?**	*¿A qué hora...?*

Où... ?	¿Dónde...?	Comment... ?	¿Cómo...?
Qui... ?	¿Quién...?	Combien (de)... ?	¿Cuánto/s...?
Pourquoi... ?	¿Por qué...?		

Besançon: La *cedilla* (**cédille**) **ç** se pronuncia *s*.

En Francia se utiliza normalmente el formato horario de 24 horas: **6 heures** *6 de la mañana*; **18 heures** *6 de la tarde*. ¡Recuérdalo siempre que tengas que subir a un tren!

Practica – Traduce las siguientes frases:

1. ¿Cuándo sale?
2. ¿Dónde está el andén B?
3. À quelle heure part le train ?
4. Le train part à quatorze heures.

Respuestas:

1. Quand part-il ?
2. Où est le quai B ?
3. ¿A qué hora sale el tren?
4. El tren sale a las 2 de la tarde.

DÍA 8

Au téléphone
Al teléfono

1 **Allô ! Bonjour, Martine ! Ça va ?**
alo bonyur martin sa va
¡Hola! ¡Buenos días, Martine! ¿Cómo te va?

2 **Oui, très bien, merci. Qu'est-ce que tu fais ?**
ui tre bia^n mersi keskê tî fe
Muy bien, gracias. ¿Qué haces?

3 **Je cuisine : je finis un gâteau au chocolat !**
yê kîisin yê fini a^n gato o shokola
yo cocino: ¡yo termino un pastel de chocolate!
Cocino: ¡acabo de terminar un pastel de chocolate!

4 **Super ! J'adore le chocolat ! J'arrive !**
sîper yador lê shokola yariv
¡súper! ¡yo adoro el chocolate! ¡yo llego!
¡Genial! ¡Me encanta el chocolate! ¡Voy para allá!

5 **D'accord ! À tout de suite !**
dakor a tu dê sîit
¡De acuerdo! ¡Hasta ahora!

Notas

Los franceses responden al teléfono con **Allô ?** Si has marcado un número equivocado, simplemente discúlpate: **Pardon** *[pardo^n]* *Lo siento*, y di **Je me suis trompé(e) de numéro** *[yê mê sui tro^{n}pe dê nîmero]* *Me he equivocado de número*. La forma más común de preguntarle a alguien cómo le va es **Ça va ?**

Hay tres tipos de verbos en francés: el primer grupo acaba en **'-er'** (**cuisiner**); el segundo en **'-ir'** (**finir**) y el tercero en **'-re'** (**prendre**) o **'-ir'** (**courir**). Para formar el presente de los verbos regulares en **'-er'**, simplemente hay que añadir las siguientes terminaciones a la raíz:

je cuisin	e	nous cuisin	ons
tu cuisin	es	vous cuisin	ez
il/elle cuisin	e	ils/elles cuisin	ent

Presentación del útil verbo irregular **faire** *hacer*.

je fais	*yo hago*	nous faisons	*nosotros/as hacemos*
tu fais	*tú haces*	vous faites	*vosotros/as hacéis*
il/elle fait	*él/ella hace*	ils/elles font	*ellos/ellas hacen*

Practica – Traduce las siguientes frases:

1. Estoy haciendo una tarta.
2. Estamos cocinando.
3. **Il adore le fromage !**
4. **Elles arrivent !**

Respuestas:

1. **Je fais un gâteau.**
2. **Nous cuisinons.**
3. ¡Él adora el queso!
4. ¡Vienen (ellas)!

DÍA 9

Ma maison
Mi casa

1 **Ta maison est comment, Guy ?**
ta meso^n e koma^n gui
¿Cómo es tu casa, Guy?

2 **Ma maison est assez petite !**
ma meso^n e tase pêtit
¡Mi casa es bastante pequeña!

3 **Mais il y a un beau jardin et une jolie piscine.**
me ilia a^n bo yarda^n e în yoli pisin
Pero tiene un buen jardín y una bonita piscina.

4 **Il y a trois chambres : mes enfants ont la plus grande !**
ilia trua sha^{n}brê me sa^{n}fa^n o^n la plî gra^{n}d
Tiene tres habitaciones: ¡mis hijos tienen la más grande!

Notas

Il y a se utiliza en contextos singulares y plurales y significa *hay*. **Il y avait** es *había*.

Con **le**, **la** o **les plus** se forma el superlativo: **le plus petit** *el más pequeño*.

Los adjetivos en francés concuerdan en género y número con el sustantivo al que describen. Observa que, al igual que en español, en la mayoría de los contextos, los adjetivos siguen al sustantivo: **une maison chère** *una casa cara*. Una de las excepciones a esta regla es para los adjetivos que describen la belleza de algo, como los de la línea 3, que se colocan antes del sustantivo. Aquí tienes las formas (masc. sing., masc. pl., fem. sing., fem. pl.) de algunos adjetivos útiles:

petit, petits, petite, petites *pequeño*

grand, grands, grande, grandes *grande, alto, importante*
beau, beaux, belle, belles *bello, hermoso, guapo, precioso*
joli, jolis, jolie, jolies *bonito*
moche, moches, moche, moches *feo*
heureux, heureux, heureuse, heureuses *feliz*
triste, tristes, triste, tristes *triste*
bon, bons, bonne, bonnes *bueno*
mauvais, mauvais, mauvaise, mauvaises *malo*
cher, chers, chère, chères *caro*

Practica – Traduce las siguientes frases:

1. La piscina es preciosa.
2. Hay dos casas caras.
3. Quelle chambre est la plus jolie ?
4. Comment est ton jardin ?

Respuestas:

1. La piscine est belle.
2. Il y a deux maisons chères.
3. ¿Qué habitación es la más bonita?
4. ¿Cómo es tu jardín?

DÍA 10

Où se trouve la boulangerie ?
¿Dónde está la panadería?

1 **Excusez-moi ! Où se trouve la boulangerie la plus proche ?**
exkuse mua u sê truv la bula^{n}yeri la plî prosh
Disculpe, ¿dónde está la panadería más cercana?

2 **Alors, allez tout droit et puis tournez à droite.**
alor ale tu drua e pui turne a druat
Siga todo recto y después gire a la derecha.

3 **Ensuite, continuez jusqu'à l'église.**
a^{n}suit ko^{n}tinîe jîska leglis
Después, continúe hasta la iglesia.

4 **La boulangerie est derrière l'église, en face de la poste.**
la bula^{n}yeri e derier leglis a^n fas dê la post
La panadería está detrás de la iglesia, frente a la oficina de correos.

Notas

El imperativo (utilizado para dar instrucciones u órdenes) es el presente sin el pronombre y solo tiene tres personas (**tu, nous** y **vous**): **Allez !** *¡Vamos!* Sin embargo, en órdenes informales aisladas, la **'-s'** final del verbo desaparece: **tu vas** *tú vas*, pero **Va !** *¡Ve!*

Las órdenes también se pueden dar usando **devez** *tú debes*, **A vous devez tourner, vous devez continuer**. Esta es la forma auxiliar del verbo **devoir** *tener que*, que siempre se usa con otro verbo en infinitivo. **Je dois aller**. *Yo tengo que ir.*
Otras preposiciones de lugar habituales son **dans** *en*, **à côté de** *cerca de*, **à gauche** *a la izquierda*, **près de** *cerca*, **devant** *delante de*.

Si te pierdes, simplemente di **Je suis perdu(e) !**

Aller *ir* es un verbo irregular **'-er'** muy útil:

je vais	*yo voy*	**nous allons**	*nosotros vamos*
tu vas	*tú vas*	**vous allez**	*vosotros vais*
il/elle va	*él/ella va*	**ils/elles vont**	*ellos van*

Practica – Traduce las siguientes frases:

1. Disculpe, ¿Dónde está la oficina de correos?
2. Está detrás de la panadería.
3. Où se trouve le marché le plus proche ?
4. Vous devez aller tout droit.

Respuestas:

1. Excusez-moi, où se trouve la poste ?
2. C'est derrière la boulangerie.
3. ¿Dónde está el mercado más cercano?
4. Debes ir todo recto.

DÍA 11

Quel est votre métier ?
¿En qué trabajas?

1 **Quel métier faites-vous, Anne ?**
kel metie fet vu an
¿qué oficio haces-tú, Anne?
¿En qué trabajas, Anne?

2 **Je suis architecte. Je travaille beaucoup !**
yê sui sarshitekt yê trava-i boku
yo soy arquitecta. ¡yo trabajo mucho!
Soy arquitecta. ¡Trabajo mucho!

3 **Vous aimez votre travail ?**
vu seme votrê trava-i
¿tú amas tu trabajo?
¿Te gusta tu trabajo?

4 **Comme-ci, comme-ça. Je finis la journée très tard.**
kom si kom sa yê fini la yurne tre tar
Así, asá. Termino la jornada muy tarde.

Notas
Recuerda, la **r** francesa es gutural, es decir, viene del fondo de la garganta, ¡como si estuvieras carraspeando para sacar algo de la garganta!
Practica: **architecte - travail - très tard**.

Los verbos regulares que acaban en **'-ir'**, se forman quitando el **'-ir'** y añadiendo las siguientes terminaciones a la raíz (aquí se muestra con **finir** *acabar*):

je fin	is	nous fin	issons
tu fin	is	vous fin	issez
il/elle fin	it	ils/elles fin	issent

Veamos las formas de los pronombres posesivos. Tienen que concordar en género y número con la cosa que se posee.

	La posesión		
	Masc. sing.	**Fem. sing.**	**Plural**
mi	**mon**	**ma**	**mes**
tu	**ton**	**ta**	**tes**
su	**son**	**sa**	**ses**
nuestro	**notre**	**notre**	**nos**
vuestro	**votre**	**votre**	**vos**
su	**leur**	**leur**	**leurs**

Practica – Traduce las siguientes frases:

1. ¿Trabajas hasta tarde?
2. Ellos/ellas terminaron su tarta.
3. **Quel travail faites-vous ?**
4. **Je suis électricien/électricienne.**

Respuestas:

1. **Tu travailles tard ?**
2. **Ils/Elles finissent leur gâteau.**
3. ¿En qué trabajas?
4. Yo soy electricista (m./f.).

↗ DÍA 12

Au restaurant
En el restaurante

1 **Bonsoir, madame. Vous avez choisi ?**
bo^{n}suar madam vu save shuasi
Buenas tardes, señora. ¿Ha elegido ya?

2 **J'aimerais la salade de tomates et puis le poulet.**
yemêre la salad dê tomat e pîi lê pule
Me gustaría la ensalada de tomate y después el pollo.

3 **Vous désirez des haricots verts en accompagnement ?**
vu desire de ariko ver a^n nako^{n}pañêma^n
¿usted desea de-las judías verdes en guarnición?
¿Le gustaría la guarnición de judías verdes?

4 **Non, je n'aime pas les haricots. Je préférerais des frites.**
no^n yê nem pa le ariko yê preferêre de frit
No, no me gustan las judías. Preferiría las patatas fritas.

5 **Tout de suite, madame ! Et j'apporte la carte des vins.**
tu dê suit madam e yaport la kart de va^n
¡Enseguida, señora! Y le traigo la carta de vinos.

Notas

Cuando se pide, el tiempo condicional es una forma educada de hacerlo. Ya hemos visto un ejemplo de esto: **je voudrais** *quisiera* de **vouloir** *querer*; **j'aimerais** (de **aimer** *gustar*) significan exactamente los mismo. Para formar el condicional en los verbos regulares, se añaden las siguientes terminaciones al infinitivo:

j'aimer	ais	nous aimer	ions
tu aimer	ais	vous aimer	iez
il/elle aimer	ait	ils/elles aimer	aient

Pero algunos verbos se conjugan de forma irregular en el condicional. Por ejemplo, **faire** *hacer*; **je ferais** *haría*, etc.:

je fer	ais	nous fer	ions
tu fer	ais	vous fer	iez
il/elle fer	ait	ils/elles fer	aient

Para poner un verbo en negativo en francés, se añade **ne** y **pas** a cada lado del verbo: **Je ne mange pas.** *yo no como.* Si el verbo comienza con una vocal, **ne** se convierte en **n'**: **Je n'aime pas les haricots.** *No me gustan las judías.*

Practica – Traduce las siguientes frases:

1. No me gustan las judías.
2. Quisiera la carta de vinos.
3. **Il préférerait du poulet.**
4. **Voulez-vous des frites ?**

Respuestas:

1. **Je n'aime pas les haricots.**
2. **J'aimerais la carte des vins.**
3. Él preferiría el pollo.
4. ¿Quieres patatas fritas?

↗ DÍA 13

Que penses-tu de Pierre ?
Qué opinas de Pierre?

1 **Dis, Eléanore, que penses-tu de Pierre ?**
di eleonor kê pa^{n}s tî dê pier
Oye, Eléanore, ¿qué opinas de Pierre?

2 **Il est très mignon. J'adore ses cheveux blonds !**
il e tre miño^n yador se shêvê blo^n
Es muy mono. ¡Me encanta su pelo rubio!

3 **Et tu as vu ses yeux bleus ? Ils sont trop beaux !**
e tî a vî se siê blê il so^n tro bo
¿Y has visto sus ojos azules? ¡También son preciosos!

4 **En plus, il est intéressant et intelligent !**
a^n plîs il et a^{n}teresa^n e a^{n}telisha^n
Además, ¡es interesante e inteligente!

5 **Oui, je suis d'accord. Il est canon !**
ui yê sui dakor il e kano^n
Sí, estoy de acuerdo. ¡Está cañón!

Notas

Aquí te mostramos algunas palabras de enlace que harán que tus frases fluyan: **et** *[e] y*; **ou** *[u] o*; **mais** *[me] pero*; **parce que** *[parsê kê] porque*; **en plus** *[an plîs] además*.

Y aquí tienes algunas formas de expresar tu opinión: **je pense que** *[yê pans kê] creo (que)*; **je suis d'accord** *[yê sui dakor] estoy de acuerdo*; **je ne suis pas d'accord** *[yê nê sui pa dakor] no estoy de acuerdo*; **j'aime** *[yem] me gusta*; **je n'aime pas** *[yê nem pa] no me gusta*; **je préfère** *[yê prefer] prefiero*; **je déteste** *[yê detest] detesto*.

Observa que **cheveux** *pelo* es plural (*un pelo* es **un cheveu**), luego las palabras que la acompañan también deben ir en plural: **ses cheveux blonds**. Nos encontramos con el mismo caso en la frase 3: **ses beaux yeux bleus** *sus preciosos ojos azules* – a modo de comparación (¡a menos que él sea un cíclope!): **son bel œil bleu** *su precioso ojo azul*.

Practica – Traduce las siguientes frases:

1. Ella está de acuerdo.
2. ¡Opino que está cañón!
3. Je n'aime pas mes cheveux.
4. J'adore ses yeux verts !

Respuestas:

1. Elle est d'accord.
2. Je pense qu'il est canon !
3. No me gusta mi pelo.
4. ¡Adoro sus ojos verdes!

↗ DÍA 14

Chez le médecin
En el médico

1 **Bonjour, comment puis-je vous aider ?**
bonyur koma^n pui-ye vu sede
Buenos días, ¿en qué le puedo ayudar?

2 **Oh docteur, j'ai très mal au genou !**
o doktêr ye tre mal o shênu
Oh doctor, ¡me duele mucho la rodilla!

3 **Je dois regarder. Pouvez-vous le bouger ?**
yê dua rêgarde puve vu lê buye
Veamos. ¿La puede mover?

4 **Pas vraiment. Je ne peux pas le toucher non plus.**
pa vrema^n yê nê pê pa lê tushe no^n plî
La verdad es que no. No la puedo ni tocar.

5 **Je pense qu'il faut faire une radio.**
yê pa^{n}s kil fo fer în radio
Creo que hay que hacer una radiografía.

Notas

Cuando **je peux** se invierte en una pregunta, puedes oír **puis-je**. Es bastante formal.

La expresión para decir que algo te duele es **j'ai mal à** + el/la + parte del cuerpo (*"yo tengo dolor en..."*). Como **à** + **le** (*a* + *el*) siempre forman la contracción **au**, una parte del cuerpo en masculino va precedida por **au** (**J'ai mal au genou**). Una parte del cuerpo en femenino va precedida por **à la** (**J'ai mal à la jambe.** *Me duele la pierna.*), y una parte del cuerpo en plural va precedida por **aux** (**J'ai mal aux oreilles.** *Me duelen los oídos.*)

Il faut + verbo (infinitivo) significa *hay que* + verbo.
En francés los pronombres de objeto van delante del verbo. **Comment puis-je vous aider ?** *¿En qué puedo ayudarle?*; **Je ne peux pas le toucher.** *No puedo tocarla.* Delante de vocal o de una h muda se producen las siguientes transformaciones: **me** en **m'**, **te** en **t'** y **le/la** en **l'**. Estos son los pronombres de objeto directo:

me/m'	*me*	**nous**	*nos*
te/t'	*te*	**vous**	*os*
le/l'	*lo*	**les**	*los/las*
la/l'	*la*		

Practica – Traduce las siguientes frases:

1. Me duelen mucho las piernas.
2. Mira. ¡Las estoy moviendo!
3. **Pouvez-vous m'aider ?**
4. **Tu peux le faire.**

Respuestas:

1. **J'ai très mal aux jambes.**
2. **Regarde, je les bouge !**
3. ¿Me puedes ayudar?
4. Tú puedes hacerlo.

↗ DÍA 15

Vous vendez des porte-clés ?
¿Vende usted llaveros?

1 **Bonjour ! Vendez-vous des porte-clés de la Tour Eiffel ?**
bonyur va^{n}de vu de portêkle dê la tur efel
¡Buenos días! ¿Vende usted llaveros de la torre Eiffel?

2 **Oui, j'en vends ! Il y en a des bleus ou des dorés.**
ui ya^n va^n il i a^n na de blê u de dore
Sí. Los hay azules o dorados.

3 **Quel dommage ! Je préférerais des verts !**
kel domash yê preferêre de ver
¡Qué lástima! ¡Yo prefería los verdes!

4 **Je comprends. Mais ceux-là sont jolis, non ?**
yê ko^{n}pra^n me sê la so^n joli no^n
Comprendo. Pero esos de ahí son bonitos ¿no?

5 **Oui, très !**
ui tre
Sí, ¡mucho!

Notas

En Francia, es costumbre decir **Bonjour** cuando se entra en una tienda y **Merci** *gracias* o **Au revoir** *adiós* cuando se sale.
Para formar frases en presente con los verbos regulares de del grupo **'-re'**, añade las siguientes terminaciones a la raíz (aquí se muestra con **vendre** *vender*):

je vend	**s**	**nous vend**	**ons**
tu vend	**s**	**vous vend**	**ez**
il/elle vend	**-**	**ils vend**	**ent**

Los verbos **comprendre** *comprender* y **prendre** *tomar* son irregulares:

je comprend	s	nous compren	ons
tu comprend	s	vous compren	ez
il/elle comprend	-	ils/elles compren	nent

El pronombre **en** significa *de eso*, *de ellos*, *algunos* y se refiere al sustantivo(s) mencionado previamente. Se coloca delante del verbo: **J'en voudrais des verts** (**en** sustituye a **porte-clés**).

Practica – Traduce las siguientes frases:

1. ¿Vende usted vino?
2. No entiendo
3. **Nous vendons des gâteaux. → Nous en vendons.**
4. **Il en voudrait des bleus.**

Respuestas:

1. **Vous vendez du vin ?**
2. **Je ne comprends pas.**
3. Nosotros vendemos tartas. > Nosotros las vendemos.
4. A él le gustarían de los azules.

↗ DÍA 16

J'ai réservé une chambre…
He reservado una habitación…

1 **Bonsoir, j'ai réservé une chambre au nom de Dupuis.**
bo^{n}suar ye reserve în sha^{n}brê o no^n dê dîpui
Buenas tardes, he reservado una habitación a nombre de Dupuis.

2 **C'était une chambre double avec petit-déjeuner ?**
sete în sha^{n}brê dublê avek pêti deyêne
¿Era una habitación doble con desayuno?

3 **C'est exact. Nous avons aussi demandé un lit enfant.**
se texakt nu savo^n osi dêma^{n}de a^n li a^{n}fa^n
Correcto. También habíamos pedido una cama para un niño.

4 **Absolument. Mon collègue a préparé la chambre.**
absolîma^n mo^n koleg a prepare la sha^{n}br
Por supuesto. Mi compañero ha preparado la habitación.

Notas

Los acentos sobre las vocales francesas normalmente indican su pronunciación: el acento agudo **é** se pronuncia como la *e* española; el acento grave **è** se pronuncia muy parecido a la *e* española, pero más abierta; el acento circunflejo **ô**, **ê**, **â** tiene un efecto muy sutil sobre la pronunciación y no en necesario que te preocupes por él. En ocasiones, un acento también se puede utilizar para diferenciar dos palabras similares (**a** *él/ella tiene* y **à** *a*, *hacia*).
Para hablar de un hecho totalmente terminado ocurrido en el pasado se usa el pretérito perfecto: **avoir** *haber* + participio. El verbo auxiliar **avoir** se conjuga en presente (**j'ai**, **tu as**, **il/elle a**,

nous avons, vous avez, ils/elles ont) seguido del participio del verbo principal.

Para formar el participio del pasado de los verbos en **'-er'**, sustituye la **'-er'** por **'-é'**: de **demander** *pedir* es **nous avons demandé**; para muchos los verbos regulares en **'-ir'**, sustituye **'-ir'** por **'-i'** (de **finir** es **fini**); y para los verbos en **'-re'**, sustituye **'-re'** por **'-u'** (de **vendre** es **vendu**). (pero ten en cuenta que los verbos de este grupo son muy irregulares y que, por lo tanto, hay muchas exceptiones).

Practica – Traduce las siguientes frases:

1. Hemos preparado el desyuno.
2. Ellos (un hombre y una mujer) pidieron una habitación.
3. **Elle a réservé une chambre.**
4. **Nous avons fini le gâteau.**

Respuestas:

1. **Nous avons préparé le petit déjeuner.**
2. **Ils ont demandé une chambre.**
3. Ella ha reservado una habitación.
4. Nos hemos terminado la tarta.

DÍA 17

Vos papiers, s'il vous plaît !
¡Papeles, por favor!

1 **Bonjour, madame. Vos papiers, s'il vous plaît.**
bo^{n}yur madam vo papie sil vu ple
Buenos días, señora. Sus papeles, por favor.

2 **Mais je conduis lentement. Quel est le problème ?**
me jê ko^{n}dîi la^{n}têma^n kel e lê problem
Pero si conduzco despacio. ¿Cuál es el problema?

3 **Vous devez changer ce pneu bientôt. Il est usé.**
vu dêve sha^{n}ye sê pnê bia^{n}to il e îse
Debe cambiar pronto esa rueda. Está desgastada.

4 **D'accord. Je m'en occupe rapidement.**
dakor jê ma^n nokîp rapidêma^n
De acuerdo. Me ocuparé de ello inmediatamente.

5 **Très bien. Conduisez prudemment !**
tre bia^n ko^{n}dîise prîdama^n
Muy bien. ¡Conduzca con cuidado!

Notas

Si la policía te pide que le muestres **vos papiers**, generalmente se refieren al carné de conducir, la documentación del vehículo y al seguro.

Un manera de formar adverbios en francés es añadir **'-ment'** a los adjetivos femeninos: de **rapide** *rápido* a **rapidement** *rápidamente*, de **malheureuse** *desgraciado* a **malheureusement** *desgraciadamente*. La mayoría de los adjetivos que terminan en **'-ent'** o en **'-ant'** pasan a terminar en **'-emment'** o **'-amment'**: de **prudent** a **prudemment** (de **lent** a **lentement** es una excepción). Algunos adverbios no tienen una terminación en **'-ment'**: **bien** *bien*, **mal** *mal*.

Devoir *tener que, "deber"* (verbo auxiliar), *deber* (dinero) es irregular:

je dois	**nous devons**
tu dois	**vous devez**
il/elle doit	**ils/elles doivent**

La mayoría de los verbos terminados en **'-uire'** se conjugan de la siguiente manera (aquí con **conduire** *conducir*):

je condui	**s**	**nous condui**	**sons**
tu condui	**s**	**vous condui**	**sez**
il/elle condui	**t**	**ils/elles condui**	**sent**

Practica – Traduce las siguientes frases:

1. Tenemos que comer.
2. Conducen con seguridad.
3. Je dois demander son nom.
4. Le taxi arrive rapidement.

Respuestas:

1. Nous devons manger.
2. Ils/Elles conduisent prudemment.
3. Tengo que preguntarle su nombre.
4. E taxi llega rápidamente.

DÍA 18

Allons au théâtre !
¡Vamos al teatro!

1 Hier, on est allé au théâtre ; la pièce était géniale !
ier o^n e tale o teatr la pies ete yenial
Ayer fuimos al teatro; ¡la obra estuvo genial!

2 Vous êtes arrivés à l'heure cette fois, j'espère ?
vu set arive a lêr set fua yesper
vosotros sois llegado a la-hora esta vez, ¿yo espero?
Espero que esta vez hayáis llegado a la hora.

3 Tout à fait ! Nous y sommes allés en taxi, pas à pied !
tu ta fe nu si som sale a^n taxi pa a pie
¡Por supuesto! ¡Fuimos en taxi, no andando!

4 Et à quelle heure êtes-vous rentrés ?
e a kel êr et vu ra^{n}tre
¿Y a qué hora volvisteis?

5 On est rentré à 22 heures.
o^n ne ra^{n}tre a va^{n}t dê sêr
Volvimos a las 10.

Notas

Algunas formas verbales forman el pretérito perfecto con **être** más que con **avoir**. Esto incluye a los verbos reflexivos (**se trouver** *encontrarse*) y verbos de movimiento y transición, como **aller** *ir* (participio: **allé**), **arriver** *llegar* (**arrivé**), **devenir** *volverse* (**devenu**), **entrer** *entrar* (**entré**), **mourir** *morir* (**mort**), **naître** *nacer* (**né**), **partir** *marcharse* (**parti**), **parvenir** *alcanzar* (**parvenu**), **rentrer** *volver* (**rentré**), **rester** *quedarse* (**resté**), **sortir** *salir* (**sorti**), **tomber** *caer* (**tombé**) y **venir** *venir* (**venu**). Observa que con **être**, el participio concuerda con el sujeto: **il est parti, elle est partie, nous sommes partis; elles sont parties**.

El pronombre **on** *se* frecuentemente se utiliza para referirse a nosotros. En este caso, el verbo está en tercera persona del singular: **on est** *se es* = **nous sommes** *nosotros somos*.

Practica – Traduce las siguientes frases:

1. Mis hermanos llegaron ayer.
2. Las chicas se han ido.
3. Elle y est allée.
4. Nous sommes rentrés tard./On est rentré tard.

Respuestas:

1. Mes frères sont arrivés hier.
2. Les filles sont parties.
3. Ella se fue.
4. Volvimos tarde.

DÍA 19

Que fais-tu demain ?
¿Qué vas a hacer mañana?

1 **Alors, dis-moi Paul : que fais-tu demain ?**
alor di mua pol kê fe tî dêma^n
Así que, dime Paul: ¿qué vas a hacer mañana?

2 **Demain je vais manger chez un ami en ville.**
dêma^n yê ve ma^{n}ye she sa^n nami a^n vil
Mañana voy a comer a casa de un amigo en la ciudad.

3 **Qu'allez-vous faire ?**
kale vu fer
¿qué vais vosotros hacer?
¿Qué vais a hacer vosotros?

4 **Nous allons jouer aux cartes ! J'ai hâte !**
nu salo^n yue o kart ye at
¡Vamos a jugar a las cartas! ¡Estoy impaciente!

5 **Ah, oui ! Ça va être formidable !**
a ui sa va etr formidabl
¡Ah, sí! ¡Va a ser fantástico!

Notas

A veces se utiliza el presente para hablar del futuro: **Que fais-tu demain ?** *¿Qué haces mañana?* También puedes usar **aller** *ir* (conjugado) + verbo (infinitivo): **je vais manger** *Voy a comer*. El tiempo futuro se construye añadiendo las terminaciones **-ai**, **-as**, **-a**, **-ons**, **-ez**, **-ont** al infinitivo: **je parlerai**, **tu parleras**, **il/elle parlera**, **nous parlerons**, **vous parlerez**, **ils/elles parleront** *yo hablaré*, *tú hablarás*, etc.

Chez *[she]* significa *a/en* un lugar: **chez un ami** *en casa de un amigo*; **chez Suzette** *en (donde) Suzette*; **chez le médecin** *en el médico*; **chez le coiffeur** *en la peluquería*.

Ça es la contracción de **cela** *eso*; **ci** es la contracción de **ceci** *esto*. Los pronombres personales franceses son: **moi** *yo/mí/me*, **toi** *tú/te/ti*, **lui/elle** *él/ella/le*, **nous** *nosotros/nos*, **vous** *vosotros/os*, **eux** *ellos/les*, **elles** *ellas/les*. Son pronombres "independientes" que se usan para mostrar énfasis y frecuentemente van precedidos por una preposición o un verbo.

Practica – Traduce las siguientes frases:

1. Voy a casa de Paul.
2. Vamos a ver una película.
3. **Nous mangerons à une heure.**
4. **Vous allez jouer aux cartes avec lui ?**

Respuestas:

1. **Je vais chez Paul.**
2. **On va regarder un film./Nous allons regarder un film.**
3. Vamos a comer en una hora.
4. ¿Vas a jugar a las cartas con él?

DÍA 20

Nous nous disputons parfois !
¡A veces discutimos!

1 **Comment se passent les vacances, Sophie ?**

koma^n sê pas le vaka^{n}s sofi

¿cómo se pasan las vacaciones, Sophie?

¿Cómo van las vacaciones, Sophie?

2 **Bien, merci. Je me lève tous les jours à 11 heures !**

bia^n mersi yê mê lev tu le yur a o^{n}s êr

Bien, gracias. ¡Me levanto todos los días a las 11!

3 **Et tu t'entends bien avec tes amis ?**

e tî ta^{n}ta^n bia^n avek te sami

¿Y tú te llevas bien con tus amigos?

4 **Pas toujours ! Nous nous disputons parfois !**

pa tuyur nu nu dispîto^n parfua

¡no siempre! ¡Nosotros nos discutimos a-veces!

¡No siempre! ¡A veces discutimos!

Notas

Aquí tenemos más ejemplos de verbos con pronombres reflexivos en los que se muestra que la acción se reliza sobre el sujeto. Ya lo vimos con **je m'appelle** *me llamo* ("yo me llamo"). Los pronombres reflexivos son: **me/m'** *me*, **te/t'** *te*, **se/s'** *se*, **nous** *nos*, **vous** *os*, **se/s'** *se*. Los pronombres reflexivos también pueden tener un significado recíproco en el sentido de hacerse algo el *uno al otro*: **se disputer** *discutir* 'el uno con el otro', **s'entendre** *entenderse* "el uno con el otro".

Algunos adverbios de tiempo comunes son: **parfois, quelque-fois** *a veces*; **toujours** *siempre*; **rarement** *raramente*; **souvent** *a menudo*; **jamais** *nunca*.
Para decir cada (día/mes/año), es necesario utilizar el artículo **les**: **tous les jours** *todos los días*; **tous les lundis** *todos los lunes*.

Practica – Traduce las siguientes frases:

1. Se acuestan a las 11.
2. ¿Os lleváis bien?
3. Elle se lève à huit heures (du matin).
4. Je vais souvent en vacances !

Respuestas:

1. Ils/Elles se couchent à 23 heures.
2. Vous vous entendez bien?
3. Ella se levanta a las 8.
4. ¡Me voy de vacaciones a menudo!

DÍA 21

Vous avez passé de bonnes vacances ?
¿Habéis pasado buenas vacaciones?

1 **Alors, ces vacances ! C'était comment ?**
alor se vaka^{n}s sete koma^n
Entonces, las vacaciones ¿cómo fueron?

2 **Fantastique ! Nous avions un hôtel épatant !**
fa^{n}tastik nu savio^n a^n notel epata^n
¡Fantásticas! ¡Nuestro hotel era fabuloso!

3 **Et les Français étaient sympathiques ?**
e le fra^{n}se ete sa^{n}patik
¿Y los franceses eran simpáticos?

4 **Ils avaient toujours le sourire ! Enfin, presque !**
il save tuyur lê surir a^{n}fa^n presk
¡Siempre sonreían! ¡Bueno, casi siempre!

5 **Vous voulez y retourner ?**
vu vule i rêturne
¿Os gustaría volver?

6 **Oui ! Nous y retournons l'année prochaine !**
ui nu si rêturno^n lane proshen
¡Sí! ¡Vamos a volver el año que viene!

Notas

El imperfecto es un tiempo que se usa para describir acciones pasadas de una duración no especificada: *era* o *teníamos*, etc. Este es el imperfecto del verbo **être** *ser*:

j'étais	nous étions
tu étais	vous étiez
il/elle était	ils/elles étaient

Y de **avoir** *haber*:

j'avais	nous avions
tu avais	vous aviez
il/elle avait	ils/elles avaient

Al igual que en español los demostrativos concuerdan en género y número con el sustantivo: **ce**, **cet** (delante de vocal o de **h** muda) *este/ese*, **cette** *esta/esa*. El plural es **ces** para ambos géneros *estos/estas/esos/esas*.

Practica–Traduce las siguientes frases:

1. Estuve en Francia.
2. ¡Nuestro hotel era increíble!
3. **Nous y allons cette année.**
4. **Comment était le petit déjeuner ?**

Respuestas:

1. **J'étais en France.**
2. **Nous avions un hôtel épatant/génial/super !**
3. Vamos a ir allí este año.
4. ¿Cómo estaba el desayuno?

Conversación

Primeros contactos

Los franceses conservan cierta etiqueta en el leguaje que puede sonar formal a los hispanohablantes. No implica necesariamente una reserva, es más una cuestión de educación que se considera respetuosa. Una de las formas en las que vemos cómo la cortesía impregna el lenguaje es el uso del **tu** *tú* y del **vous** *usted*. **Tu** es familiar, informal y se usa con gente a la que conoces bien. **Vous** es formal, y se usa para dirigirse básicamente a todos los demás (o si nos dirigimos a más de una persona *vosotros*). Utiliza **vous** siempre que te dirijas a un desconocido (en un restaurante, hotel, tienda, la calle, etc.).

Saludar

En Francia, cuando entras en algún sitio, es costumbre saludar a la gente con **Bonjour** (en una tienda, en una sala de espera, en una oficina, etc.) y decir **Au revoir** al salir. En estos contextos, **monsieur**, **madame** o **mademoiselle** son la norma; los nombres de pila solo se utilizan en situaciones más informales. Con familiares y amigos el saludo habitual es besarse (**la bise**) (también al despedirse). El número de besos depende de la región.

Decir hola

¡Buenos días!	**Bonjour !**	*bo^{n}yur*
¡Buenas tardes!	**Bonsoir !**	*bo^{n}suar*
¡Hola! / ¡Adiós!	**Salut !**	*salî*
¿Qué tal?	**Ça va ?**	*sa va*

¿Estás bien?	**Tu vas bien ?**	*tî va bia^n*
¿Estáis/Está usted bien?	**Vous allez bien ?**	*vu sale bia^n*
¿Cómo está usted?	**Comment allez-vous ?**	*koma^n tale vu*

Despedirse

¡Hasta la vista!	**Au revoir !**	*o rêvuar*
¡Adiós!	**Ciao !**	*chao*
¡Hasta mañana!	**À demain !**	*a dêma^n*
¡Hasta luego!	**À tout à l'heure !**	*a tu ta lêr*
¡Hasta pronto!	**À bientôt !**	*a bia^{n}to*
¡Hasta el año que viene!	**À l'année prochaine !**	*a lane proshen*
¡Buen día!	**Bonne journée !**	*bon yurne*
¡Buena semana!	**Bonne semaine !**	*bon sêmen*
¡Buenas noches!	**Bonne nuit !**	*bon nîi*

Dirigirse a alguien

Señora	**Madame**	*madam*
Señorita	**Mademoiselle**	*madmuasel*
Damas y caballeros	**Mesdames et Messieurs**	*medam se mesiê*
Señor	**Monsieur**	*mêsiê*

Desear

En vacaciones

¡Bienvenido!	**Bienvenue !**	*bia^{n}vênî*
¡Feliz estancia!	**Bon séjour !**	*bo^n seyur*
¡Buen viaje!	**Bon voyage !**	*bo^n vuayash*
¡Buenas vacaciones!	**Bonnes vacances !**	*bon vaka^{n}s*

En cualquier situación

¡Salud! (al brindar)	**Santé !**	*sa^{n}te*
¡Felicidades!	**Félicitations !**	*felisitasio^n*
¡Buen provecho!	**Bon appétit !**	*bon apeti*
¡Buena suerte!	**Bonne chance !**	*bon sha^{n}s*
¡Ánimo!	**Bon courage !**	*bo^n kurash*

Ocasiones especiales

¡Feliz cumpleaños!	**Joyeux anniversaire !**	*yuaiê saniverser*
¡Feliz año nuevo!	**Bonne année !**	*bon ane*
¡Feliz Navidad!	**Joyeux Noël !**	*yuaiê noel*

Acuerdo y desacuerdo

Los gestos con los que acompañan estas expresiones son similares a los nuestros, aunque los franceses suelen mover el índice de izquierda a derecha al decir no.

Sí.	**Oui.**	*ui*
Por supuesto.	**Bien sûr.**	*bia^n sîr*
Sí, me gustaría.	**Oui, je veux bien.**	*ui yê vê bia^n*
De acuerdo.	**D'accord.**	*dakor*
Quizás.	**Peut-être.**	*pêtetr*
No.	**Non.**	*no^n*
En absoluto.	**Pas du tout.**	*pa dî tu*
Estoy de acuerdo.	**Je suis d'accord.**	*yê sîi dakor*
No estoy de acuerdo.	**Je ne suis pas d'accord.**	*yê nê sîi pa dakor*
Yo también.	**Moi aussi.**	*mua osi*
Yo tampoco.	**Moi non plus.**	*mua no^n plî*

Formular preguntas

La opción más sencilla para transformar una afirmación en una pregunta es subir el tono. También puedes invertir el orden del verbo el sujeto. O puedes usar una de las palabras o frases del siguiente cuadro al comienzo de una pregunta.

¿Es...?	**Est-ce que... ?**	*eskê*
¿Qué es...?	**Qu'est-ce que... ?**	*keskê*
¿Cómo?	**Comment ?**	*koma*^{n}
¿Cuánto tiempo?	**Combien de temps ?**	*ko*^{n}*bia*^{n} *dê ta*^{n}
¿Cuánto/Cuántos?	**Combien (de) ?**	*ko*^{n}*bia*^{n} *(dê)*
¿Cuándo?	**Quand ?**	*ka*^{n}
¿Dónde?	**Où ?**	*u*
¿Qué/Cuál/Cuáles?	**Quel** (m.)/**Quelle** (f.)/ **Quels** (m. pl.)/**Quelles** (f. pl.) **?**	*kel*
¿Quién?	**Qui ?**	*ki*
¿Por qué?	**Pourquoi ?**	*purkua*

Dar las gracias

Gracias.	**Merci.**	*mersi*
Muchas gracias.	**Merci beaucoup.**	*mersi boku*
No hay de qué.	**Je vous en prie.** (form.) **Je t'en prie.** (inf.)	*yê vu za*^{n} *pri* *yê ta*^{n} *pri*
De nada.	**De rien.**	*dê ria*^{n}

Lenguaje corporal

Los franceses son bastante expresivos físicamente y tienen varios gestos que acompañan a determinadas expresiones. Aquí te mostramos algunos ejemplos que te puedes encontrar y ¡cómo interpretarlos!

• **Bof ...** *[bof]* básicamente significa no estar especialmente entusiasmado con algo, como *no me preocupa* o *lo dudo*. Se acompaña del levantamiento de hombros galo, que consiste en subir los hombros mientras se saca el labio inferior, levantando las cejas e inclinando la cabeza a un lado.

• **Quelle barbe !** *[kel barb]* (literalmente, '¡Qué barba!') indica aburrimiento del tipo *¡Qué rollo!* Se acaricia una mejilla arriba y abajo con el dorso de los dedos de una mano mientras se sopla por la boca y se levantan las cejas.

• **Ras-le-bol !** *[ra lê bol]* (literalmente, 'a ras del bol') significa *¡estoy hasta la coronilla!* Mueve una mano adelante y atrás por encima de tu cabeza para mostrar que ¡ya está bien!

• **Avoir un verre dans le nez** *[avuar a^n ver da^n lê ne]* (literalmente, 'tener un vaso en la nariz') Significa que alguien se ha tomado una copa de más. Sostén el puño delante de la nariz y gíralo como un sacacorchos.

• **Mon œil !** *[mo^n nêi]* (literalmente, 'mi ojo') Se usa para expresar incredulidad del tipo *¡anda ya!* Estira el párpado inferior hacia abajo con el índice.

• **Tu es fou !** *[tî e fu]* / **T'es fou** ! *[te fu]* *¡Estás loco!* Pon el índice en la sien y gíralo como un sacacorchos.

Hacerte entender

Estas son algunas expresiones útiles cuando se entabla conversación.

No comprendo.
Je ne comprends pas.
jê nê ko^{n}pra^{n} pa

¿Me lo puede repetir, por favor?
Pouvez-vous répéter, s'il vous plaît ?
puve vu repete sil vu ple

¿Puede hablar más despacio?
Pouvez-vous parler plus lentement ?
puve vu parle plî la^{n}têma^{n}

¿Qué significa...?
Que veut dire... ?
kê vê dir

¿Habla usted...?	**Parlez-vous... ?** (form.)	*parle vu*
Yo no hablo...	**Je ne parle pas...**	*yê nê parl pa*
... alemán.	**... allemand.**	*alma^{n}*
... español.	**... espagnol.**	*español*
... francés.	**... français.**	*fra^{n}se*
... inglés.	**... anglais.**	*a^{n}gle*
... italiano.	**... italien.**	*itale^{n}*

¿Perdón?	**Comment ?**	*koma^{n}*
Lo siento.	**Désolé(e).** (m/f)	*desole*

Conocer gente

Encontrarse

Recuerda que si no conoces bien a alguien, lo que mejor es que uses **vous**.

¡Buenos días, Sra. Dupont! ¿Cómo está usted?
Bonjour, Madame Dupont ! Comment allez-vous ?
bonyur madam dîpo^n koma^n tale vu

Muy bien, gracias. ¿Y usted?
Très bien, merci. Et vous-même ?
tre bia^n mersi e vu mem

Si no estás seguro de si es más apropiado usar **tu** o **vous**, aquí tienes una alternativa que te permite esquivar la elección.

¿Cómo va todo?	**Comment ça va ?**	*koma^n sa va*

Estas son algunas respuestas posibles.

Bien.	**Bien.**	*bia^n*
Va bien.	**Ça va.**	*sa va*
Nada mal.	**Pas mal.**	*pa mal*
No muy bien.	**Pas très bien.**	*pa tre bia^n*
Mal.	**Mal.**	*mal*

En situaciones informales, alguien puede sugerir que os tuteéis (**tutoiement**).

Nos tuteamos, ¿vale?
On se tutoie, d'accord ?
o^{n} sê tîtua dakor

En este caso, cuando los veas puedes decir:

¿Cómo estás?	**Comment vas-tu ?**	*koma^{n} va tî*
Bien, ¿y tú?	**Bien, et toi ?**	*bia^{n} e tua*

Presentarse

Cuando te presentan a alguien, puede que te ofrezca la mano o, si se trata de una reunión amistosa, te dé **la bise** (uno o dos besos). ¡Sigue su iniciativa!

Buenas tardes. Te presento a Audrey.
Bonsoir. Je vous présente Audrey.
bo^{n}suar yê vu presa^{n}t odre

Encantada. Yo me llamo Anne.
Enchantée. Je m'appelle Anne.
a^{n}sha^{n}te yê mapel ann

Te/le presento...	**Je te/vous présente...**	*yê tê/vu presa^{n}t*
Este/Esta es...	**Voici...**	*vuasi*
... mi hermana.	**... ma sœur.**	*ma sêr*
... mi hermano.	**... mon frère.**	*mo^{n} frer*
... mi hija.	**... ma fille.**	*ma fi*
... mi hijo.	**... mon fils.**	*mo^{n} fis*
... mi marido.	**... mon mari.**	*mo^{n} mari*
... mi mujer.	**... ma femme.**	*ma fam*

... mis padres.	**... mes parents.**	*me para^n*
... un amigo/una amiga.	**... un ami/une amie.**	*a^n nami / în ami*

¿Cómo te llamas?	**Comment t'appelles-tu ?**	*koma^n tapel tî*
¿Cómo se llama usted?	**Comment vous appelez-vous ?**	*koma^n vu saple vu*
Encantado(-a)	**Enchanté(e).**	*a^{n}sha^{n}te*

Decir el origen

¿De dónde es usted (sois)? / ¿De dónde eres?
D'où êtes-vous ? / D'où es-tu ?
du et vu / du e tî

¿De dónde viene usted (venís)? / ¿De dónde vienes?
D'où venez-vous ? / D'où viens-tu ?
du vêne vu / du via^n tî

Para decir de dónde eres:

je viens de *[yê via^n dê]* o **il/elle vient de** *[il/el via^n dê],* **nous venons de** *[nu vêno^n dê],* **ils/elles viennent de** *[il/el vien dê]*

Soy de Inglaterra.
Je viens d'Angleterre.
yê via^n da^{n}glêter

Cada país tiene un género:

Alemania	**L'Allemagne**	*lalmañ*
Argentina	**L'Argentine**	*larya^{n}tin*
Australia	**L'Australie**	*lostrali*

Bélgica	La Belgique	la belyik
Canadá	Le Canada	lê kanada
Chile	Le Chili	lê shili
China	La Chine	la shin
Escocia	L'Écosse	lekos
España	L'Espagne	lespañ
Estados Unidos	Les États-Unis	le seta sîni
Francia	La France	la fra^{n}s
Gales	Le Pays de Galles	lê pei dê gal
Gran Bretaña	La Grande-Bretagne	la gra^{n}d brêtañ
India	L'Inde	la^{n}d
Inglaterra	L'Angleterre	la^{n}glêter
Irlanda	L'Irlande	lirla^{n}d
Italia	L'Italie	litali
Japón	Le Japon	lê yapo^{n}
México	Le Mexique	le mexik
Nueva Zelanda	La Nouvelle-Zélande	la nuvel sela^{n}d
Sudáfrica	L'Afrique du Sud	lafrik dî sîd
Suiza	La Suisse	la sîis

Para decir tu nacionalidad (en femenino entre paréntesis):

Soy...	**Je suis...**	*jê sui*
... americano(-a).	**... américain(e).**	*amerika^{n} / ameriken*
... argentino(-a).	**... argentin(e).**	*arya^{n}ta^{n} / arya^{n}tin*
... australiano(-a).	**... australien(ne).**	*ostralia^{n} / ostralien*
... británico(-a).	**... britannique.**	*britanik*
... canadiense.	**... canadien(ne).**	*kanadia^{n} / kanadien*
... chileno(-a).	**... chilien(ne).**	*shilia^{n} / shilien*
... español(-a).	**... espagnol(e).**	*español*
... irlandés(-esa).	**... irlandais(e).**	*irla^{n}de / irla^{n}des*

... *mexicano(-a).*	**... mexicain(e).**	*mexika^n / mexiken*
... *neozelandés(-esa).*	**... néo-zélandais(e).**	*neo-sela^{n}de / neo-sela^{n}des*
... *sudafricano(-a).*	**... sudafricain(e).**	*sîdafrika^n / sîdafriken*

Decir la edad

Encontrarás los números en la solapa de la portada.

¿Cuántos años tienes?	**Quel âge as-tu ?**	*kel ash a tî*
¿Cuántos años tiene ud?	**Quel âge avez-vous ?**	*kel ash ave vu*
Tengo 30 años.	**J'ai 30 ans.**	*ye 30 a^n*
¿Cuál es su fecha de nacimiento?	**Quelle est votre date de naissance ?**	*kel e votr dat dê nesa^{n}s*
Nací el...	**Je suis né(e) en...** (m/f).	*yê sui ne a^n*

Hablar de la familia

Para describir tu estado civil [las terminaciones **(e)** indican el femenino]:

Estoy...	**Je suis...**	*yê sui*
... *casado(-a).*	**... marié(e).**	*marie*
... *divorciado(-a).*	**... divorcé(e).**	*divorse*
... *soltero(-a).*	**... célibataire.**	*selibater*
... *viudo(-a).*	**... veuf** (m)/**veuve** (f).	*vêf / vêv*

Para decir con quién viajas:

Estoy aquí con...	**Je suis ici avec...**	*yê sui isi avek*
... *mi hija/mi hijo.*	**... ma fille/mon fils.**	*ma fi / mo^n fis*
... *mi marido.*	**... mon mari.**	*mo^n mari*
... *mi mujer.*	**... ma femme.**	*ma fam*

... mis padres.	**... mes parents.**	*me para^n*
... mi pareja.	**... mon compagnon** (m)/ **ma compagne** (f).	*mo^n ko^{n}paño^n / ma ko^{n}pañ*
... mis hijos.	**... mes enfants.**	*me sa^{n}fa^n*
... un amigo/una amiga.	**... un ami/une amie.**	*a^n nami / în ami*

¿Cuántos hijos tiene/tenéis?
Combien d'enfants avez-vous ?
ko^{n}bia^n da^{n}fa^n ave vu

Tengo tres hijos.
J'ai trois enfants.
ye trua sa^{n}fa^n

Otros miembros de la familia:

mi abuela	**ma grand-mère**	*ma gra^n mer*
mi abuelo	**mon grand-père**	*mo^n gra^n per*
mi cuñada	**ma belle-sœur**	*ma bel sêr*
mi cuñado	**mon beau-frère**	*mo^n bo frer*
mi nieta	**ma petite-fille**	*ma pêtit fi*
mi nieto	**mon petit-fils**	*mo^n pêti fis*
mi niño(a)	**mon enfant**	*mo^n na^{n}fa^n*
mi prima	**ma cousine**	*ma kusin*
mi primo	**mon cousin**	*mo^n kusa^n*
mi sobrina	**ma nièce**	*ma nies*
mi sobrino	**mon neveu**	*mo^n nêvê*
mi suegra	**ma belle-mère**	*ma bel mer*
mi suegro	**mon beau-père**	*mo^n bo per*
mi tía	**ma tante**	*ma ta^{n}t*

mi tío	**mon oncle**	*mo^n no^{n}klê*
mis nietos	**mes petits-enfants**	*me pêti sa^{n}fa^n*
mis suegros	**mes beaux-parents**	*me bo para^n*

Decir a qué te dedicas

Si has conocido a alguien y habéis hablado de dónde eres y de tu familia, no cabe duda que el siguiente tema de conversación es a qué te dedicas.

¿En qué trabajas/trabaja?
Quel est ton/votre métier ?
kel e to^n / votrê metie

¿A qué te dedicas/se dedica ud?
Que fais-tu *(inf.)*/**faites-vous** *(form.)* **dans la vie ?**
kê fe tî / fet vu da^n la vi

Recuerda que algunas profesiones tienen masculino y femenino.

Soy...	**Je suis...**	*yê sui*
... abogado(-a).	**... avocat(e).**	*avoka / avokat*
... arquitecto(-a).	**... architecte.**	*arshitekt*
... cocinero(-a).	**... cuisinier/cuisinière.**	*kuisinie / kuisinier*
... desempleado(-a).	**... sans emploi.**	*sa^n sa^{n}plua*
... enfermero(-a).	**... infirmier** (m)/ **infirmière** (f).	*a^{n}firmie / a^{n}firmier*
... estudiante.	**... étudiant(e).**	*etîdia^n / etîdia^{n}t*
... fontanero.	**... plombier.**	*plo^{n}bie*
... fotógrafo(-a).	**... photographe.**	*fotograf*
... informático(-a).	**... informaticien(ne).**	*a^{n}formatisia^n / a^{n}formatisien*
... ingeniero(-a).	**... ingénieur(e).**	*a^{n}yeniêr*

... jubilado(-a).	**... retraité(e).**	*rêtrete*
... mecánico(-a).	**... mécanicien(ne).**	*mekanisia^n / mekanisien*
... médico(-a).	**... médecin.**	*medsa^n*
... músico(-a).	**... musicien(ne).**	*mîsisia^n / mîsisien*
... policía.	**... policier** (m)/ **policière** (f).	*polisie / polisier*
... profesor(-a).	**... enseignant(e).**	*a^{n}seña^n / a^{n}seña^{n}t*
... veterinario(-a).	**... vétérinaire.**	*veteriner*

También puedes decir:

Trabajo en...	**Je travaille dans...**	*yê travai da^{n}s*
... un banco.	**... une banque.**	*în ba^{n}k*
... un colegio.	**... une école.**	*în ekol*
... una empresa informática.	**... une entreprise d'informatique.**	*în a^{n}trêpris da^{n}formatik*
... un museo.	**... un musée.**	*a^n mîse*
... una oficina.	**... un bureau.**	*a^n bîro*
... una tienda.	**... un magasin.**	*a^n magasa^n*

Si estás estudiando:

¿Qué estudias? / ¿Qué estudiáis/estudia ud?
Qu'études-tu? / Qu'étudiez-vous?
ketîdi tî / ketîdie vu

Estudio derecho.
Je fais des études de droit. / J'étudie le droit.
yê fe de setîd dê drua / yetîdi lê drua

Expresar opiniones

¿Te gusta / os gusta/le gusta a ud la cocina francesa?
Tu aimes *(inf.)* **/ Vous aimez** *(form./pl.)* **la cuisine française ?**
tî em / vu seme la kîisin fra^{n}ses

¡Sí, me encanta!
Oui, j'adore !
ui yador

¡A mí también!
Moi aussi !
mua osi

No, no me gusta.
Non, je n'aime pas.
no^n yê nem pa

A mí tampoco.
Moi non plus.
mua no^n plî

Es (está)... / Era (estaba)...	**C'est.../ C'était...**	*se / sete*
... aburrido.	**... ennuyeux.**	*a^{n}nuiyê*
... agotador.	**... fatigant.**	*fatiga^n*
... asqueroso.	**... dégoûtant.**	*deguta^n*
... aterrador.	**... effrayant.**	*efreia^n*
... bonito.	**... beau.**	*bo*
... delicioso.	**... délicieux.**	*delisiê*
... desastroso.	**... nul.**	*nîl*
... difícil.	**... difficile.**	*difisil*

... *fácil.*	**... facile.**	*fasil*
... *feo.*	**... moche.**	*mosh*
... *genial.*	**... super/génial.**	*sîper / yenial*
... *horrible.*	**... affreux.**	*afrê*
... *interesante.*	**... intéressant.**	*a^{n}teresa^{n}*
... *inútil.*	**... inutile.**	*inîtil*
... *sorprendente.*	**... surprenant.**	*sîrprêna^{n}*
... *útil.*	**... utile.**	*îtil*

Me encanta...	**J'adore...**	*yador*
Me gusta...	**J'aime...**	*yem*
No me gusta...	**Je n'aime pas...**	*yê nem pa*
Odio...	**Je déteste...**	*yê detest*
En mi opinión...	**À mon avis...**	*a mo^{n} navi*
Yo pienso que...	**Je pense que...**	*yê pa^{n}s kê*
Tiene razón.	**Vous avez raison.**	*vu save reso^{n}*
Está equivocado.	**Vous avez tort.**	*vu save tor*

↗ Aceptar invitaciones

No te debe sorprender que la comida y la bebida constituyan una parte importante de la vida social francesa. Si te invitan a casa de alguien, es una cortesía llevar algo a tu anfitrión. Si llevas vino, probablemente lo acepten como un regalo más que como un vino para tomar en la comida, puesto que seguramente ya hayan elegido un vino adecuado para lo que se vaya a comer.

¿Le/Te gustaría venir...	**Voulez-vous/ Veux-tu venir...**	*vule vu / vu tî vênir*
... *a cenar?*	**... dîner ?**	*dine*
... *a comer?*	**... déjeuner ?**	*deyêne*
... *a una fiesta?*	**... à une fête ?**	*a în fet*

¡Sí, encantado!	**Oui, avec plaisir !**	*ui avek plesir*
Lo siento, estoy ocupado(a).	**Je suis désolé(e), je suis pris(e).**	*yê sui desole, yê sui pri / pris*
Gracias por invitarme.	**Merci de m'avoir invité(e).**	*mersi dê mavuar a^{n}vite*

Reunirse...

En Francia, un **rendez-vous** es cualquier tipo de reunión: una cita, una reunión de amigos, una fiesta. Aquí te mostramos formas de organizar una.

¿Qué haces esta noche?	**Qu'est-ce que tu fais ce soir ?**	*keskê tî fe sê suar*
Me voy a reunir con unos amigos.	**J'ai rendez-vous avec des amis.**	*ye ra^{n}de-vu avek de sami*

¿Quieres...	**Tu veux...**	*tî vê*
... tomar una copa?	**... boire un verre ?**	*buar a^{n} ver*
... ir al cine?	**... aller au cinéma ?**	*ale o sinema*
... ir de compras?	**... faire les magasins ?**	*fer le magaza^{n}*
... salir este fin de semana?	**... sortir ce weekend ?**	*sortir sê uikend*
... tomar un café?	**... prendre un café ?**	*pra^{n}dr a^{n} kafe*

¡Encantado!	**Volontiers !**	*volo^{n}tie*
Lamentablemente, no puedo.	**Malheureusement, je ne peux pas.**	*malêrêsma^{n} jê nê pê pa*

... y charlar

Si quieres entablar conversación con alguien, te gustará saber saber...

Ud es (vosotros sois)/ Tú eres...	**Vous êtes/Tu es...**	*vu set / tî e*
... amable.	**... mignon(ne).**	*miño^n / miñon*
... divertido.	**... drôle.**	*drol*
... encantador.	**... charmant(e).**	*sharma^n / sharma^{n}t*
... inteligente.	**... intelligent(e).**	*a^{n}telisha^n / a^{n}telisha^{n}t*

ligar	**draguer**	*drage*

¿Te puedo ofrecer una copa?

Je peux vous offrir/t'offrir un verre ?

yê pê vu sofrir / tofrir a^n ver

¿Puedo volver a verle/verte?

Puis-je vous/te revoir ?

pîijy vu / tê rêvuar

Me gustas / Me gusta ud.

Tu me plais. / Vous me plaisez.

tî mê ple / vu mê plese

O si quieres que alguien te deje solo:

Tengo pareja.	**Je suis en couple.**	*yê sui sa^n kupl*
Prefiero estar solo(-a).	**Je préfère rester seul(e).**	*yê prefer reste sêl*
Déjame tranquilo(-a).	**Laissez-moi tranquille.**	*lese mua tra^{n}kil*
¡Déjame en paz!	**Fichez-moi la paix !**	*fishe mua la pe*

Religiones y tradiciones

La república francesa se basa en un principio de **laïcité** (*laicismo*) con libertad de religión reconocido por ley. Hoy en día Francia es una sociedad multicultural formada por personas de muchos credos, pero históricamente la religión dominante ha sido el catolicismo (**le catholicisme**), por lo que muchas de las fiestas nacionales se basan en las festividades religiosas católicas.

¿Cuál es su religión?
Quelle est votre religion ?
kel e votrê rêlishio^n

Yo soy...	**Je suis...**	*yê sui*
... budista.	**... bouddhiste.**	*budist*
... creyente.	**... croyant(e).**	*kruaia^n / kruaia^{n}t*
... cristiano(-a).	**... chrétien(ne).**	*kretia^n / kretien*
... judío(-a).	**... juif** (m)/**juive** (f).	*juif / juiv*
... musulmán(-a).	**... musulman(e).**	*mîsîlma^n / mîsîlman*
No soy practicante.	**Je ne suis pas pratiquant** (m)/ **pratiquante** (f).	*yê nê sui pa pratika^n / pratika^{n}t*
rezar / una oración	**prier / une prière**	*prie / în prier*
un sacerdote	**un prêtre**	*a^n pretr*
un templo	**un temple**	*a^n ta^{n}pl*
una iglesia	**une église**	*în eglis*
una mezquita	**une mosquée**	*în moske*
una sinagoga	**une synagogue**	*în sinagog*

Festividades importantes

• **Pâques** *Pascua*. Esta festividad cristiana es fiesta nacional. En Francia la tradición cuenta que las campanas de las iglesias van a Roma y de vuelta traen chocolate para los niños, dejándolos caer en los jardines.

• **Le quatorze juillet** *El 14 de julio*. Es la **Fête Nationale** francesa, conmemora la toma de la prisión de la Bastilla en 1789 durante la Revolución francesa. Además de las ceremonias y desfiles oficiales, hay fuegos artificiales (**les feux d'artifice** *[le fê dartifis]*) por toda Francia.

Noël *Navidad*. En muchas zonas del norte y el este de Francia, las celebraciones navideñas comienzan el 6 de diciembre, el día de San Nicolás. Una tradición importante en Francia (especialmente en la Provenza) es poner **une crèche** (*un belén* o *un nacimiento*). Tradicionalmente, la comida más importante de las navidades es la cena de Nochebuena (**le Réveillon de Noël** *[lê reveio^n dê noel]*).

• **La Saint Sylvestre** *Nochevieja [la sa^n silvestrê]*. Otra ocasión para un gran banquete (**le Réveillon de la Saint Sylvestre**), así como para besarse debajo del muérdago (**le gui**) a medianoche porque da buena suerte.

un día festivo	**un jour férié**	*a^n yur ferie*
¡Felíz Navidad!	**Joyeux Noël !**	*yuaiê noel*
Año Nuevo	**Nouvel An**	*nuvel a^n*
¡Felíz Año!	**Bonne année !**	*bon ane*

Días festivos

El día de Año Nuevo	**Le Jour de l'An**	*lê yur dê la^n*
Lunes de Pascua	**Le Lundi de Pâques**	*lê la^{n}di dê pak*

El Día del Trabajo (1 de mayo)	**La Fête du Travail**	*la fet dî travai*
La Fiesta de la Victoria de 1945 (8 de mayo)	**La Fête de la Victoire de 1945**	*la fet dê la viktuar dê mil nêf sa^n kara^{n}t sa^{n}k*
La Ascensión	**L'Ascension**	*lasa^{n}sio^n*
Lunes de Pentecostés	**Le Lundi de la Pentecôte**	*lê la^{n}di dê la pa^{n}tkot*
La Fiesta Nacional (Toma de la Bastilla 14 de julio)	**La Fête Nationale**	*la fet nasional*
Todos los Santos (1 noviembre)	**La Toussaint**	*la tusa^n*
Armisticio 1918 (11 noviembre)	**La Fête du 11 Novembre**	*la fet dî o^{n}s nova^{n}brê*
Navidad	**Le Jour de Noël**	*lê yur dê noel*

El tiempo

Las distintas regiones francesas tienen climas diferentes, pero estés donde estés, puedes estar seguro de que el tema tiempo surgirá en la conversación.

¿Qué tiempo va a hacer mañana?
Quel temps va-t-il faire demain ?
kel ta^n vatil fer dêma^n

Va a hacer.../Hace...	**Il va faire.../Il fait...**	*il va fer / il fe*
... bueno.	**... beau.**	*bo*
... calor.	**... chaud.**	*sho*
... frío.	**... froid.**	*frua*
... malo.	**... mauvais.**	*move*

Y otras expresiones útilies:

¡Qué día más bueno!	**Quelle belle journée !**	*kel bel yurne*
¡Qué tiempo más espantoso!	**Quel temps affreux !**	*kel ta^n afrê*
Está helando	**Il gèle.**	*il yel*
Está lloviendo.	**Il pleut.**	*il plê*
Está nevando.	**Il neige.**	*il nesh*
Está nublado.	**Le ciel est couvert.**	*lê siel e kuver*
Hace viento.	**Il y a du vent.**	*ilia dî va^n*
Hay niebla.	**Il y a du brouillard.**	*ilia dî bruiar*

↗ Tiempo y calendario

Decir la hora

En Francia es bastante habitual utilizar el formato de 24 horas, ¡así que no te líes con las horas entre las 13.00 y las 24.00!

¿Qué hora es?
Quelle heure est-il ?
kel êr e til

¿Tiene hora, por favor?
Avez-vous l'heure, s'il vous plaît ?
ave vu lêr sil vu ple

Son las 9 y media (de la noche).
Il est vingt-et-une heures trente.
il e va^{n}t e în êr tra^{n}t

Es/Son...	**Il est...**	*il e*
... mediodía.	**... midi.**	*midi*
... medianoche.	**... minuit.**	*minui*
... las cuatro.	**... quatre heures.**	*katrêr*
... las diez y cuarto.	**... dix heures et quart.**	*di sêr e kar*
... las ocho y media.	**... huit heures et demie.**	*ui têr e dêmi*
... las dos menos cuarto.	**... deux heures moins le quart.**	*dê sêr mua^n lê kar*
... la una menos diez.	**... une heure moins dix.**	*în êr mua^n dis*
... las tres en punto.	**... trois heures pile.**	*trua sêr pil*
... temprano.	**... tôt.**	*to*
... tarde.	**... tard.**	*tar*
la mañana	**le matin**	*lê mata^n*
la tarde (después de mediodía)	**l'après-midi**	*lapre midi*
la tarde (tarde-noche)	**le soir**	*lê suar*
la noche	**la nuit**	*la nui*

¿A qué hora...	**À quelle heure...**	*a kel êr*
... abre usted?	**... ouvrez-vous ?**	*uvre vu*
... cierra usted?	**... fermez-vous ?**	*ferme vu*
... sale el tren?	**... le train part-il ?**	*lê tra^n par til*

cada hora	**toutes les heures**	*tut le sêr*
cada media hora	**toutes les demi-heures**	*tut le dêmi êr*

Días, meses y fechas

En francés, los días de la semana y los meses no se escriben con mayúscula. El número va delante del mes y solo el día uno de cada mes utiliza el ordinal 'primero' – el resto simplemente se precede del número cardinal (dos, tres, cuatro, etc.), sin 'de'.

¿Qué día es hoy?
Quel jour sommes-nous ?
kel yur som nu

Estamos a martes.
Nous sommes mardi aujourd'hui.
nu som mardi oyurdui

Hoy es uno de enero.
Nous sommes le premier janvier.
nu som lê prêmie ya^{n}vie

Lunes 5 de diciembre de 1965.
Lundi cinq décembre mille neuf cent soixante-cinq.
la^{n}di sa^{n}k desa^{n}br mil nêf sa^{n} suasa^{n}t sa^{n}k

Días de la semana

lunes	**lundi**	*la^{n}di*
martes	**mardi**	*mardi*
miércoles	**mercredi**	*merkrêdi*
jueves	**jeudi**	*yêdi*
viernes	**vendredi**	*va^{n}drêdi*
sábado	**samedi**	*samdi*
domingo	**dimanche**	*dima^{n}sh*

Meses del año

enero	**janvier**	*ya^{n}vie*
febrero	**février**	*fevrie*
marzo	**mars**	*mars*

abril	avril	avril
mayo	mai	me
junio	juin	yua^n
julio	juillet	yuye
agosto	août	ut
septiembre	septembre	septa^{n}br
octubre	octobre	oktobr
noviembre	novembre	nova^{n}br
diciembre	décembre	desa^{n}br

Las estaciones

la estación	la saison	la seso^n
la primavera	le printemps	lê pra^{n}ta^n
el verano	l'été	lete
el otoño	l'automne	loton
el invierno	l'hiver	liver

Hablar de 'cuándo' y 'cada cuánto'

a veces	quelquefois	kelkêfua
ahora	maintenant	ma^{n}tna^n
ayer	hier	ier
cada día	tous les jours	tu le yur
dentro de tres días	dans trois jours	da^n trua yur
desde	depuis	dêpui
durante	pendant	pa^{n}da^n
el año que viene	l'année prochaine	lane proshen
el mes pasado	le mois dernier	lê mua dernie
dos veces al día	deux fois par jour	dê fua par yur

en verano	**en été**	*a^n nete*
esta semana	**cette semaine**	*set sêmen*
este año	**cette année**	*set ane*
este mes	**ce mois-ci**	*sê mua si*
habitualmente	**d'habitude**	*dabitud*
hace (ej, hace 10 años)	**il y a (ex, il y a dix ans)**	*ilia*
hoy	**aujourd'hui**	*oyordui*
la próxima semana	**la semaine prochaine**	*la sêmen proshen*
mañana	**demain**	*dêma^n*
nunca	**jamais**	*yame*
otra vez	**de nouveau**	*dê nuvo*
pasado mañana	**après-demain**	*apre dêma^n*
raramente	**rarement**	*rarma^n*
siempre	**toujours**	*tuyur*
todavía	**encore**	*a^{n}kor*
ya	**déjà**	*deya*

Pedir ayuda

Urgencias

Si hay una emergencia, llama al número gratuito de emergencias europeo (112) y te pasarán con el servicio adecuado. En Francia, los bomberos acuden con frecuencia a accidentes de tráfico y a urgencias médicas, además de a incendios.

¡Necesito ayuda!
J'ai besoin d'aide !
ye bêsua^n ded

¡Es urgente!

C'est urgent !

se tîrya^{n}

Estoy herido.

Je suis blessé(e).

yê sui blese

¡Ha habido un accidente!

Il y a eu un accident !

ilia î a^{n} naksida^{n}

¡Ayuda!	**Au secours !/À l'aide !**	*o sêkur / a led*
¡Cuidado!	**Attention !**	*ata^{n}sio^{n}*
¡Fuego!	**Au feu !**	*o fê*
¡Rápido!	**Vite !**	*vit*

Llame(n) a...	**Appelez...**	*apêle*
... los bomberos.	**... les pompiers.**	*le po^{n}pie*
... un médico.	**... un médecin.**	*a^{n} medsa^{n}*
... una ambulancia.	**... une ambulance.**	*în a^{n}bîla^{n}s*

Hay...	**Il y a...**	*ilia*
... un enfermo.	**... un malade.**	*a^{n} malad*
... un herido.	**... un blessé.**	*a^{n} blese*
... un incendio.	**... un incendie.**	*a^{n} na^{n}sa^{n}di*
... una inundación.	**... une inondation.**	*în ino^{n}dasio^{n}*

Señales, letreros y abreviaturas

Señales y letreros

Abierto	Ouvert	uver
Agua potable	Eau potable	o potabl
Ascensor	Ascenseur	asa^{n}sêr
Aseos	Toilettes	tualet
Caballeros/Hombres	Messieurs/Hommes	mesiê / om
Caja	Caisse	kes
Cerrado	Fermé	ferme
Completo	Complet	ko^{n}ple
Damas/Señoras	Dames/Femmes	dam / fam
Empuje	Poussez	puse
En venta	À vendre	a va^{n}dr
Entrada	Entrée	a^{n}tre
Entradas	Billets	biye
Fuera de servicio	Hors service	or servis
Libre	Libre	libr
Para llevar	À emporter	a a^{n}porte
Peligro	Danger	da^{n}ye
Privado	Privé	prive
Prohibido entrar	Défense d'entrer	defa^{n}s da^{n}tre
Prohibido fumar	Défense de fumer	defa^{n}s dê fîme
Recepción Información	Accueil/ Renseignements	akêi / ra^{n}señêma^{n}
Reservado	Réservé	reserve
Sala de espera	Salle d'attente	sal data^{n}t
Salida de emergencia	Sortie de secours	sorti dê sêkur
Salida	Sortie	sorti
Se alquila	À louer	a lue
Tire	Tirez	tire

Abreviaturas

A los franceses les encantan los acrónimos. Aquí tienes algunos con los que te puedes cruzar.

- **S.N.C.F. (Société Nationale des Chemins de Fer Français)**
  [es en se ef] Sociedad Nacional de Ferrocarriles Franceses
- **R.E.R. (Réseau Express Régional)**
  [er ê er] Red Regional-express (entre París y la periferia)
- **T.G.V. (Train à Grande Vitesse)**
  [te ye ve] Tren de alta velocidad
- **T.E.R. (Train Express Régional)**
  [te ê er] Tren regional
- **T.V.A. (Taxe sur la Valeur Ajoutée)**
  [te ve a] IVA (Impuesto sobre el Valor Añadido)
- **T.T.C. (Toutes Taxes Comprises)**
  [te te se] Impuestos Incluidos
- **P.V. (Procès-Verbal)**
  [pe ve] Multa de tráfico
- **SAMU (Service d'Aide Médicale d'Urgence)**
  [samî] Servicio de Urgencias Médicas
- **R.N. (Route Nationale)**
  [er en] Carretera Nacional
- **V.T.T. (Vélo Tout Terrain)**
  [ve te te] Bicicleta de Montaña
- **V.O. (Version Originale)**
  [ve o] Versión Original

↗ Viajar

Control de pasaporte y aduana

Pasaporte, por favor.
Votre passeport, s'il vous plaît.
votrê passpor sil vu ple

¿De que país viene?
De quel pays venez-vous ?
dê kel pei vêne vu

¿Cuál es el motivo de su visita?
Quelle est la raison de votre visite ?
kel e la reso^{n} dê votrê visit

¿Cuánto tiempo piensa quedarse?
Combien de temps pensez-vous rester ?
ko^{n}bia^{n} dê ta^{n} pa^{n}se vu reste

¿Puede abrir su bolso, por favor?
Pouvez-vous ouvrir votre sac, s'il vous plaît ?
puve vu uvrir votrê sak sil vu ple

¿Tiene algo que declarar?
Avez-vous quelque chose à déclarer ?
ave vu kelkê shos a deklare

Control de pasaportes	**Contrôle des passeports**	*ko^{n}trol de passpor*
el equipaje	**les bagages**	*le bagash*
la aduana	**la douane**	*la duan*

Nada que declarar	**Rien à déclarer**	ria^n na deklare
una maleta	**une valise**	în valis

Dinero

El uso de las tarjetas bancarias está muy extendido en Francia, y con ellas puedes pagar prácticamente en cualquier lugar. Las tarjetas francesas tienen un código pin; pero si la tuya no lo tiene, la mayoría de los establecimientos pueden pasar la tarjeta y podrás firmar el recibo de tu compra.

¿Dónde está el banco más cercano, por favor?
Où se trouve la banque la plus proche, s'il vous plaît ?
u sê truv la ba^{n}k la plî prosh sil vu ple

¿Puedo cambiar dólares? / ¿Puedo cambiar pesos?
Puis-je changer des dollars ? / ¿Puis-je changer des pesos ?
puish sha^{n}ye de dollar

un banco	**une banque**	în ba^{n}k
un billete	**un billet**	a^n biye
un cajero automático	**un distributeur automatique**	a^n distribîtêr otomatik
un cheque	**un chèque**	a^n shek
los cheques de viaje	**des chèques de voyage**	de shek dê vuaiash
una cuenta bancaria	**un compte bancaire**	a^n ko^{n}t ba^{n}ker
un libro de cheques	**un carnet de chèques**	a^n karne dê shek
en metálico	**des espèces**	de sespes
las monedas	**des pièces**	de pies
una tarjeta bancaria	**une carte bancaire**	în kart ba^{n}ker
una tarjeta de crédito	**une carte de crédit**	în kart dê kredi

Quisiera...	**J'aimerais...**	*yemêre*
... cobrar un cheque.	**... encaisser un chèque.**	*a^{n}kese a^n shek*
... hacer una transferencia.	**... effectuer un virement.**	*efektîe a^n virma^n*
... retirar efectivo.	**... retirer de l'argent.**	*rêtire dê larsha^n*

En avión

Quisiera un billete a París.
J'aimerais un billet pour Paris.
yemêre a^n biye pur pari

¿A qué hora sale el vuelo?
À quelle heure l'avion part-il ?
a kel êr lavio^n par til

¿Dónde está la terminal 3?
Où se trouve le terminal 3 ?
u sê truv lê terminal trua

He perdido el vuelo.
J'ai raté l'avion.
ye rate lavio^n

a la hora	**à l'heure**	*a lêr*
alquiler de coches	**location de voiture**	*lokasio^n dê vuatîr*
aterrizar	**atterrir**	*aterir*
con retraso	**en retard**	*a^n rêtar*
despegar	**décoller**	*dekole*
embarcar	**embarquer**	*a^{n}barke*
equipaje de mano	**bagage(s) à main**	*bagash a ma^n*
facturación	**enregistrement**	*a^{n}rêyistrêma^n*

hacer escala	**faire escale**	*fer eskal*
ida y vuelta / billete sencillo	**un aller retour / un aller simple**	*a^n nale rêtur / a^n nale sa^{n}plê*
recogida de equipajes	**livraison des bagages**	*livreso^n de bagash*
un aeropuerto	**un aéroport**	*a^n naeropor*
un billete de avión	**un billet d'avion**	*a^n biye davio^n*
un carro (para equipajes)	**un chariot**	*a^n shario*
un pasajero	**un passager**	*a^n pasaye*
un transbordo	**une correspondance**	*în korespo^{n}da^{n}s*
un vuelo	**un vol**	*a^n vol*
una compañía aérea	**une compagnie aérienne**	*în ko^{n}pani aerien*
una lanzadera	**une navette**	*în navet*
una puerta	**une porte**	*în port*
una tarjeta de embarque	**une carte d'embarquement**	*în kart da^{n}barkêma^n*

En autobús o tren

Muchas ciudades están comunicadas con trenes de alta velocidad TGV, que son la opción más rápida de viajar en tren. Antes de subir al tren, si tienes un billete normal (no uno impreso de internet) séllalo (composter) en la máquina del andén. Ten en cuenta: un car *autocar de largo recorrido*; un bus *autobús urbano*.

¿Dónde está la estación de tren/autobús?
Où se trouve la gare/la gare routière ?
u sê truv la gar / la gar rutier

¿A qué hora sale el próximo tren/autobús a...?
À quelle heure part le prochain/dernier train/car pour... ?
a kel êr par lê prosa^n / dernie tra^n / kar pur

¿Cuánto dura el trayecto?
Combien de temps dure le trajet ?
ko^{n}bia^n dê ta^n dîr lê traye

¿Cuánto cuesta un billete a...?
Combien coûte un billet pour... ?
ko^{n}bia^n kut a^n biye pur

¿De qué andén sale el tren?
Le train part de quel quai ?
lê tra^n par dê kel ke

¿A qué hora llega el tren?
À quelle heure arrive le train ?
a kel êr ariv lê tra^n

el equipaje / una maleta	**les bagages / une valise**	*le bagash / în valis*
el horario	**un horaire**	*a^n norer*
el metro	**le métro**	*lê metro*
la consigna	**la consigne**	*la ko^{n}siñ*
la oficina de objetos perdidos	**le bureau des objets trouvés**	*lê bîro de sobye truve*
la taquilla	**le guichet**	*lê guiche*
llegadas	**arrivées**	*arive*
picar un billete	**composter un billet**	*ko^{n}poste a^n biye*
primera/segunda clase	**première/deuxième classe**	*prêmier / dêsiem klas*
salidas	**départs**	*depar*
un transbordo	**une correspondance**	*în korespo^{n}da^{n}s*
una plaza	**une place**	*în plas*
válido	**valable**	*valabl*

Quisiera...	**Je voudrais...**	*yê vudre*
... un billete de ida y vuelta a...	**... un aller-retour pour...**	*a^n nale rêtur pur*
... un billete sencillo a...	**... un aller simple pour...**	*a^n nale sa^{n}pl pur*

En barco

Puedes ir a Francia en ferry o en hovercraft, y los ferries también comunican el continente con las islas del Atlántico y del Mediterráneo. Las navegaciones por el océano, y los cruceros en barcazas por ríos y canales son también muy populares entre los visitantes. Si te da por el agua, esperemos que no tengas que decir esto, pero por si acaso...

No me encuentro bien. Estoy mareado.
Je ne me sens pas bien. J'ai le mal de mer.
yê nê mê sa^n pa bia^n ye lê mal dê mer

desembarcar	**débarquer**	*debarke*
embarcar	**embarquer**	*a^{n}barke*
una barcaza	**une péniche**	*în penish*
un buque	**un navire**	*a^n navir*
un camarote	**une cabine**	*în kabin*
un chaleco salvavidas	**un gilet de sauvetage**	*a^n yile dê sovtash*
un crucero	**une croisière**	*în kruasier*
una pasarela	**une passerelle**	*în pasrel*
un transatlántico	**un paquebot**	*a^n pakbo*
un velero	**un voilier**	*a^n vualie*

En taxi

Los taxis franceses no son de un color determinado, pero se distinguen por un rótulo en el techo. En muchos sitios los taxis solo están disponibles en las paradas de taxis (**stations de taxis**) y solo se pueden parar en la calle en las grandes ciudades. Los conductores cobran por kilómetro y en función de la franja horaria, y las tarifas pueden ser caras.

¿A dónde va?
Où allez-vous ?
u ale vu

Voy a...
Je vais à...
yê ve a

¿Puede llevarnos a...?
Pouvez-vous nous conduire à... ?
puve vu nu ko^{n}duir a

Me puede dejar aquí, gracias.
Vous pouvez me laisser ici, merci.
vu puve mê lese isi mersi

¿Cuánto le debo?
Je vous dois combien ?
yê vu dua ko^{n}bia^n

el cambio	**la monnaie**	*la mone*
el contador (taxímetro)	**le compteur**	*lê ko^{n}têr*
el precio	**le prix**	*lê pri*

Espere aquí, por favor.	**Attendez ici, s'il vous plaît.**	*ata^{n}de isi sil vu ple*
libre	**libre**	*libr*
más lejos	**plus loin**	*plî lua^n*

En bicicleta

El **Tour de France** es la manifestación más visible del ciclismo en Francia, ¡pero ir en bicicleta no tiene que ser tan duro! Actualmente muchas ciudades francesas ofrecen un servicio de alquiler de bicicletas barato que te permite alquilarlas en los puestos de la calle por horas o para todo el día. Normalmente las puedes alquilar en un puesto y dejarlas en otro cuando hayas acabado.

Quisiera alquilar una bicicleta, por favor.
J'aimerais louer un vélo, s'il vous plaît.
yemêre lue a^n velo sil vu ple

¿Tengo que dejar una fianza?
Faut-il verser une caution ?
fo til verse în kosio^n

¿Cuánto cuesta por hora/día/semana?
C'est combien par heure/jour/semaine ?
se ko^{n}bia^n par êr / yur / sêmen

montar en bicicleta	**faire du vélo**	*fer dî velo*
un asiento de niños	**un siège enfant**	*a^n siesh a^{n}fa^n*
un casco	**un casque**	*a^n kask*
una bicicleta de carreras	**un vélo de course**	*a^n velo dê kurs*
una bicicleta de montaña	**un V.T.T.**	*a^n ve te te*

una bomba	**une pompe**	*în po^{n}p*
una cadena (antirrobo)	**un antivol**	*a^n na^{n}tivol*

En coche

La red de carreteras francesa está compuesta por **autoroutes** *autopistas/autovías*, señalizadas con la letra **A**; más pequeñas son las **routes nationales** *carreteras nacionales*, señalizadas con **N** o **RN**, y las **départementales** *carreteras secundarias*, señalizadas con una **D**. Las autopistas tienen peajes (**péages**) a intervalos regulares. Puedes pagar con la mayoría de tarjetas de crédito o en metálico, pero asegúrate de que te has colocado en la cola correspondiente a la forma de pago que hayas escogido. Evita la cola señalizada con ***T***, ya que está reservada para un sistema especial de pago automático.

Mi coche se ha averiado.
Ma voiture est tombée en panne.
ma vuatîr e to^{n}be a^n pan

¿Puede apagar el motor?
Pouvez-vous couper le moteur ?
puve vu kupe lê motêr

El motor no va a arrancar.
Le moteur ne veut pas démarrer.
lê motêr nê vê pa demare

Me he quedado sin gasolina.
Je suis tombé(e) en panne d'essence.
yê sui to^{n}be a^n pan desa^{n}s

aparcar	**garer/se garer**	*gare / sê gare*
un aparcamiento	**un parking**	*a^n parking*
un atasco	**un embouteillage/ un bouchon**	*a^n na^{n}buteiash / a^n busho^n*
un carné/permiso de conducir	**un permis de conduire**	*a^n permi dê ko^{n}duir*
conducir	**conduire**	*ko^{n}duir*
un conductor(-a)	**un conducteur** (m)/ **une conductrice** (f)	*a^n ko^{n}dîktêr / în ko^{n}dîktris*
diesel/gasoil	**diésel/gasoil**	*diesel / gasual*
gasolina	**essence**	*esa^{n}s*
una infracción/multa	**une contravention**	*în ko^{n}trava^{n}sio^n*
un mapa	**une carte**	*în kart*
un neumático reventado	**un pneu crevé**	*a^n pnê krêve*
un peaje	**un péage**	*a^n peash*
un peatón	**un piéton**	*a^n pieto^n*
el semáforo	**les feux (de signalisation)**	*le fê (dê siñalisasio^n)*
tener una avería	**tomber en panne**	*to^{n}be a^n pan*
la velocidad	**la vitesse**	*la vitess*

¿Puede revisar...	**Pouvez-vous vérifier...**	*puve vu verifie*
... el nivel de aceite?	**... le niveau d'huile ?**	*lê nivo duil*
... el nivel del agua?	**... le niveau d'eau ?**	*lê nivo do*
... la batería?	**... la batterie ?**	*la batri*
... los frenos?	**... les freins ?**	*le fra^n*
... los neumáticos?	**... les pneus ?**	*le pnê*

He tenido un accidente.	**J'ai eu un accident.**	*ye î a^n naksida^n*

Algunas partes del coche:

una caja de cambios	**une boîte de vitesses**	*în buat dê vitess*
un cinturón de seguridad	**une ceinture de sécurité**	*în sa^{n}tîr dê sekîrite*
el embrague	**l'embrayage**	*la^{n}breiash*
los faros	**les phares**	*le far*
el maletero	**le coffre**	*lê kofr*
una marcha	**une vitesse**	*în vitess*
un parabrisas	**un pare-brise**	*a^n par-bris*
las ruedas	**les roues**	*le ru*
una rueda de repuesto	**une roue de secours**	*în ru dê sêkur*
los limpiaparabrisas	**les essuie-glaces**	*le sesîi glas*

Alquilar un coche

Me gustaría alquilar un coche para una semana.
J'aimerais louer une voiture pour une semaine.
yemêre lue în vuatîr pur în sêmen

¿Dónde puedo recoger el coche?
Où puis-je prendre la voiture ?
u puish pra^{n}dr la vuatîr

¿Es posible alquilar aquí el coche y devolverlo en...?
Serait-il possible de louer une voiture ici et la rendre à... ?
sêre til posibl dê lue în vuatîr isi e la ra^{n}dr a

¿Cuál es la tarifa?
Quel est le tarif ?
kel e lê tarif

un alquiler de coches	**une location de voitures**	*în lokasio^n dê vuatîr*
el carburante	**le carburant**	*lê karbîra^n*
un coche automático	**une voiture automatique**	*în vuatîr otomatik*
el seguro	**l'assurance**	*lasîra^{n}s*
una silla de coche para niños	**un siège auto enfant**	*a^n siesh oto a^{n}fa^n*

Señales de carretera habituales

Aparcamiento de pago	**Parking payant**	*parking peya^n*
Aparcamiento gratuito	**Parking gratuit**	*parking gratîi*
Carretera cortada	**Route barrée**	*rut bare*
Ceda el paso	**Cédez le passage**	*sede lê pasash*
Centro ciudad	**Centre ville**	*sa^{n}trê vil*
Desviación	**Déviation**	*deviasio^n*
Dirección prohibida	**Sens interdit**	*sa^{n}s a^{n}terdi*
Encienda las luces	**Allumez vos feux**	*alîme vo fê*
Entrada	**Entrée**	*a^{n}tre*
Otras direcciones	**Autres directions**	*otr direksio^n*
Parada de autobús	**Arrêt de bus**	*are dê bîs*
Peligro obras	**Attention travaux**	*ata^{n}sio^n travo*
Prohibido aparcar	**Stationnement interdit**	*stasionma^n a^{n}terdi*
Reduzca la velocidad	**Ralentissez**	*rala^{n}tise*
Salida	**Sortie**	*sorti*
Sentido único	**Sens unique**	*sa^{n}s înik*

↗ En la ciudad

Encontrar una dirección

Perdone, ¿cómo llego al centro de la ciudad?
Excusez-moi, comment puis-je aller au centre ville ?
exkuse mua koma^n puish ale o sa^{n}trê vil

¿Dónde está la oficina de correos más cercana, por favor?
Où est la poste la plus proche, s'il vous plaît ?
u e la post la plî prosh sil vu ple

¿Está lejos de aquí?
C'est loin d'ici ?
se lua^n disi

Gire a la derecha.
Tournez à droite.
turne a druat

a la derecha	**à droite**	*a druat*
a la izquierda	**à gauche**	*a gosh*
antes	**avant**	*ava^n*
cerca de	**près (de)**	*pre (dê)*
Continúe todo recto.	**Continuez tout droit.**	*ko^{n}tinîe tu drua*
Cruce la calle.	**Traversez la rue.**	*traverse la rî*
debajo	**en bas**	*a^n ba*
delante de	**devant**	*dêva^n*
después	**après**	*apre*
detrás	**derrière**	*derier*
en el cruce	**au carrefour**	*o karfur*
en la esquina	**au coin de la rue**	*o kua^n dê la rî*
en la rotonda	**au rond-point**	*o ro^n pua^n*

en lo alto de	**en haut**	*a^n o*
enfrente de	**en face de**	*a^n fas dê*
junto a	**à côté de**	*a kote dê*
lejos	**loin**	*lua^n*

Vaya hasta el semáforo.
Allez jusqu'aux feux.
ale yîsko fê

Tome la primera/la segunda a la izquierda.
Prenez la première/deuxième à gauche.
prêne la prêmier / dêsiem a gosh

Utilizar el transporte público

París tiene un extenso sistema de transporte público formado por el **metro** y el **RER**, una red de tren suburbano. Otras ciudades también tienen metro o tranvía, o te puedes mover en autobús. Pregunta por los pases de viaje o compra un **carnet** *libreta de billetes*, que a menudo son más baratos.

¿Dónde está la estación de metro más cercana?
Où se trouve la station de métro la plus proche ?
u sê truv la stasio^n dê metro la plî prosh

¿Qué línea debo tomar para ir a/al...?
Quelle ligne dois-je prendre pour aller à/au... ?
kel liñ duash pra^{n}dr pur ale a / o

¿Dónde me tengo que bajar para... ?
Où dois-je descendre pour... ?
u duash desa^{n}dr pur

un andén	**un quai**	*a^{n} ke*
un autobús	**un bus**	*a^{n} bîs*
un billete	**un billet/un ticket**	*a^{n} biye / a^{n} tike*
una parada	**un arrêt**	*a^{n} nare*
una taquilla	**un guichet**	*a^{n} guishe*
un transbordo	**une correspondance**	*în korespo^{n}da^{n}s*

Visitar un museo

En Francia se encuentran algunos de los museos más visitados del mundo, con el **Musée du Louvre** a la cabeza con sus 8.5 millones de visitantes al año. La mayoría de los museos ofrecen audioguías o visitas guiadas en español tanto para sus colecciones permanentes como para las exposiciones temporales.

Quisiera dos entradas.
Je voudrais deux billets.
yê vudre dê biye

¿Puedo hacer fotos?
Puis-je prendre des photos ?
puish pra^{n}drê de foto

¿Hay descuento por... ?
Il y a une réduction pour... ?
ilia în redîksio^{n} pur

un adulto	**un adulte**	*a^{n} nadîlt*
un niño/ los niños	**un enfant/ des enfants**	*a^{n} na^{n}fa^{n} / de sa^{n}fa^{n}*
una persona discapacitada	**une personne handicapée**	*în person a^{n}dikape*

una persona mayor	**une personne âgée**	*în person aye*
un/una estudiante	**un/une étudiant(e)**	*a^{n} / în netîdia^{n}(t)*
una exposición	**une exposition**	*în exposisio^{n}*
un museo	**un musée**	*a^{n} mîse*
un cuadro	**un tableau/une toile**	*a^{n} tablo / în tual*
hacer cola	**faire la queue**	*fer la kê*

Lugares de interés

Además de los grandes museos de arte, Francia tiene un una gran cantidad de lugares interesantes que visitar. Encontrarás más información en la **Office de Tourisme** local.

¿Dónde está…	**Où se trouve… ?**	*u sê truv*
… la abadía?	**… l'abbaye ?**	*labei*
… el acuario?	**… l'aquarium ?**	*lakuariom*
… el ayuntamiento?	**… la mairie ?**	*la meri*
… la biblioteca?	**… la bibliothèque ?**	*la bibliotek*
… el viñedo?	**… le domaine viticole ?**	*lê domen vitikol*
… la casa de…?	**… la maison de… ?**	*la meso^{n} dê*
… el castillo?	**… le château ?**	*lê shato*
… la catedral?	**… la cathédrale ?**	*la katedral*
… el cementerio?	**… le cimetière ?**	*lê simtier*
… la galería de arte?	**… la galerie d'art ?**	*la galri dar*
… la iglesia?	**… l'église ?**	*leglis*
… el jardín/parque?	**… le jardin/parc ?**	*lê yarda^{n} / park*
… el jardín botánico?	**… le jardin botanique ?**	*lê yarda^{n} botanik*
… el mercado?	**… le marché ?**	*lê marshe*
… el monasterio?	**… le monastère ?**	*lê monaster*

... el parque de atracciones?	**... le parc d'attractions ?**	*lê park datraksioh^n*
... la plaza principal?	**... la place principale ?**	*la plas pra^{n}sipal*
... el puerto?	**... le port ?**	*lê por*
... el zoo?	**... le zoo ?**	*lê so*

Enviar una carta

El servicio postal francés se llama **La Poste**, y encontrarás sus buzones amarillos en las aceras o junto a los edificio. Los sellos se pueden comprar habitualmente en los **tabacs** *estancos*.

Quisiera enviar esta carta/este paquete a los Estados Unidos.
J'aimerais envoyer cette lettre/ce colis aux États-Unis.
yemêre a^{n}vuaie set letr/sê koli o seta sîni

Necesito un sello para...
J'ai besoin d'un timbre pour...
ye bêsua^n da^n ta^{n}br pur

el correo	**le courrier**	*lê kurie*
la oficina de correos	**la poste**	*la post*
pesar	**peser**	*pêse*
por correo certificado	**en recommandé**	*a^n rêkoma^{n}de*
recibir	**recevoir**	*rêsêvuar*
un buzón	**une boîte aux lettres**	*în buat o letr*
un sobre	**une enveloppe**	*în a^{n}vêlop*
una dirección	**une adresse**	*în adres*
una libreta de sellos	**un carnet de timbres**	*a^n karne dê ta^{n}brê*
una postal	**une carte postale**	*în kart postal*

Llamar por teléfono

Si necesitas utilizar un teléfono público, es aconsejable comprar una **carte téléphonique** *tarjeta de teléfono* porque pocos admiten monedas. Los números de teléfono franceses tienen 10 dígitos, escritos en cinco pares y comienzan por 0 para llamadas nacionales.

Buenas tardes. ¿Puedo hablar con en Sr. Dupont?
Bonsoir. Pourrais-je parler à M. Dupont ?
bo^{n}suar puresh parle a mêsiê dîpo^n

¿De parte de quién?
De la part de qui ?
dê la par dê ki

La línea está ocupada.
La ligne est occupée.
la liñ e tokîpe

¿Puedo dejar un mensaje?
Pourrais-je laisser un message ?
puresh lese a^n mesash

Perdone. Me he equivocado de número.
Excusez-moi. J'ai fait un mauvais numéro.
exkuse mua ye fe a^n move nîmero

una cabina telefónica	**une cabine téléphonique**	*în kabin telefonik*
¿Diga? (solo al teléfono)	**Allô ?**	*alo*

información	**les renseignements**	*le ra^{n}señêma^{n}*
marcar	**composer**	*ko^{n}pose*
un móvil	**un portable**	*a^{n} portabl*
un número	**un chiffre**	*a^{n} shifr*
pulsar	**appuyer**	*apuie*
la tecla	**la touche**	*la tush*
la tecla almohadilla (#)	**la touche dièse**	*la tush dies*
la tecla asterisco	**la touche étoile**	*la tush etual*

Conectarse a internet

Muchos establecimientos disponen de redes inalámbricas (llamadas **wi-fi**, se pronuncia *[wi-fi]*), y solo hay que pedir la contraseña para acceder a internet. Ten en cuenta que los teclados franceses son AZERTY, no QWERTY, de modo que algunas teclas no están donde las buscas, así que, ¡fíjate en lo que estás tecleando!

¿Me puede dar el identificador de red y la contraseña?
Pourriez-vous me donner le nom du réseau et le mot de passe ?
purie vu mê done lê no^{n} dî reso e lê mo dê pas

¿Tienen habitaciones con acceso a internet?
Avez-vous des chambres avec accès Internet ?
ave vu de sha^{n}br avek akse a^{n}ternet

No puedo conectarme a internet.
Je n'arrive pas à me connecter à Internet.
yê nariv pa a mê konekte a a^{n}ternet

Necesito...	**J'ai besoin...**	*ye bêsua^{n}*
... enviar un correo.	**... d'envoyer un email.**	*da^{n}vuaie a^{n} nimel*
... imprimir un documento.	**... d'imprimer un document.**	*da^{n}prime a^{n} dokîma^{n}*

... revisar mi correo.	**... de consulter mes emails.**	*dê ko^{n}sîlte me simel*
... utilizar internet.	**... d'utiliser Internet.**	*dîtilise a^{n}ternet*
... adjuntar/ descargar un archivo.	**... de joindre/ télécharger un fichier.**	*dê jua^{n}dr / telesharshe a^n fishie*

la pantalla	**l'écran**	*lekra^n*
un ordenador	**un ordinateur**	*a^n nordinatêr*
un ratón	**une souris**	*în suri*
un teclado	**un clavier**	*a^n klavie*
una memoria USB	**une clé USB**	*în kle î es be*

Denunciar un robo o pérdida

Para denunciar un robo, dirígete a la comisaría de policía más cercana (**commissariat** o **gendarmerie**). Los **policiers** dependen del Ministerio del Interior, mientras que los **gendarmes** forman parte del ejército. Ambos pueden ayudarte si se ha cometido un delito.

He perdido...	**J'ai perdu...**	*ye perdî*
Me han robado...	**On m'a volé...**	*o^n ma vole*
... mi bolsa.	**... mon sac.**	*mo^n sak*
... mi bolso.	**... mon sac à main.**	*mo^n sak a ma^n*
... mi cámara de fotos.	**... mon appareil photo.**	*mo^n aparei foto*
... mi cartera.	**... mon portefeuille.**	*mo^n portêfê-i*
... mi coche.	**... ma voiture.**	*ma vuatîr*
... mi dinero.	**... mon argent.**	*mo^n narsha^n*
... mi móvil.	**... mon téléphone portable.**	*mo^n telefon portabl*
... mi pasaporte.	**... mon passeport.**	*mo^n paspor*
... mi tarjeta de crédito.	**... ma carte de crédit.**	*ma kart dê kredi*
... mis cheque de viaje.	**... mes chèques de voyage.**	*me shek dê vuaiash*
... mis llaves.	**... mes clés.**	*me kle*

Acudir a una representación

¿Qué películas ponen ahora?
Quels films y a-t-il en ce moment ?
kel film yatil a^n sê moma^n

Quisiera dos entradas para..., por favor.
J'aimerais deux billets pour..., s'il vous plaît.
yemêre dê biye pur … sil vu ple

¿Qué hay en el teatro el sábado que viene?
Qu'est-ce qu'on joue au théâtre samedi prochain ?
kesko^n ju o teatr samdi prosha^n

¿A qué hora comienza el espectáculo?
À quelle heure commence le spectacle ?
a kel êr koma^{n}s lê spektakl

En la peluquería

Si tienes necesidad de ir a la peluquería (**coiffeur**), en Francia tienes mucho donde elegir. Aquí tienes unas indicaciones para que consigas exactamente lo que buscas.

Me gustaría pedir hora para el martes por la mañana.
J'aimerais prendre rendez-vous pour mardi matin.
yemêre pra^{n}drê ra^{n}de vu pur mardi mata^n

Quisiera cortar y marcar.
J'aimerais une coupe et un brushing.
yemêre în kup e a^n broshing

alisar	**lisser**	*lise*
un champú	**un shampooing**	*a^n sha^{n}pua^n*
claro(s)	**clair(s)**	*kler*
un color	**une couleur**	*în kulêr*
corto(s)	**court(s)**	*cur*
un corte de pelo	**une coupe**	*în kup*
en degradado	**en dégradé**	*a^n degrade*
un flequillo	**une frange**	*în fra^{n}sh*
largo(s)	**long(s)**	*lo^n*
las mechas	**des mèches**	*de mesh*
un moño	**un chignon**	*a^n shiño^n*
oscuro(s)	**foncé(s)**	*fo^{n}se*
el pelo castaño	**les cheveux bruns**	*le shêvê bra^n*
el pelo rojo	**des cheveux roux**	*de shêvê ru*
el pelo rubio	**les cheveux blonds**	*le shêvê blo^n*
una permanente	**une permanente**	*în permana^{n}t*
rizo(s)	**bouclé(s)**	*bukle*
teñidos	**colorés/teints**	*kolore / ta^n*

↗ Actividades al aire libre

Tanto si vas a Francia a esquiar a los Alpes o a los Pirineos, a hacer kayak en Auvernia, a hacer surf en el Atlántico, a hacer senderismo en el mítico GR20 en Córcega o a tomar el sol en las playas de la Costa Azul, encontrarás montones de actividades para no aburrite.

Deportes de ocio

el alpinismo	**l'alpinisme**	*lalpinism*
el buceo	**la plongée**	*la plo^{n}ye*

el ciclismo	**le cyclisme**	*lê siklism*
correr	**courir**	*kurir*
la escalada	**l'escalade**	*leskalad*
el esquí acuático	**le ski nautique**	*lê ski notik*
el fútbol	**le foot/football**	*lê fut / futbol*
el golf	**le golf**	*lê golf*
hacer canoa/kayak	**faire du canoë-kayak**	*fer dî kanoe-kayak*
hacer esquí	**faire du ski**	*fer dî ski*
hacer senderismo	**faire de la randonnée**	*fer dê la ra^{n}done*
hacer surf	**faire du surf**	*fer dî surf*
la natación	**la natation**	*la natasio^n*
la pesca	**la pêche**	*la pesh*
el tenis	**le tennis**	*lê tenis*
el windsurfing	**la planche à voile**	*la pla^{n}sh a vual*

En la piscina y en la playa

¿Dónde está la piscina más cercana?
Où se trouve la piscine la plus proche ?
u sê truv la pisin la plî prosh

¿Cuánto cuesta la entrada?
Combien coûte l'entrée ?
ko^{n}bia^n kut la^{n}tre

¿En qué dirección está la playa?
Dans quelle direction se trouve la plage ?
da^n kel direksio^n sê truv la plash

la arena	**le sable**	*lê sabl*
un bañador	**un maillot de bain**	*a^n mayo dê ba^n*
broncear	**bronzer**	*bro^{n}se*

la crema solar	**la crème solaire**	*la krem soler*
las gafas de sol	**les lunettes de soleil**	*le lînet dê solei*
nadar	**nager**	*naye*
una ola	**une vague**	*în vag*
una piscina cubierta	**une piscine couverte**	*în pisin kuvert*
la playa	**la plage**	*la plash*
una playa vigilada	**une plage surveillée**	*în plash sîrveie*
prohibido tirarse	**interdiction de plonger**	*a^{n}terdiksio^{n} dê plo^{n}ye*
el socorrista	**le maître nageur / le sauveteur**	*lê metrê nayêr / lê sovtêr*
una sombrilla	**un parasol**	*a^{n} parasol*
una toalla	**une serviette**	*în serviet*

Camping

Le camping *[lê ka^{n}ping]* es muy popular en Francia. Los campings tienen un sistema de clasificación de una a cuatro estrellas, en función del nivel de servicios que ofrecen. Algunos permiten montar una tienda, mientras que otros alquilan bungalows y cuentan con piscinas, parques infantiles, restaurantes y otros equipamientos. Ten en cuenta que la temporada alta es julio-agosto y los campings se reservan con bastante antelación. La acampada libre (acampar en lugares no autorizados) es ilegal en Francia.

¿Tiene una parcela libre?
Avez-vous un emplacement disponible ?
ave vu a^{n} na^{n}plasma^{n} disponibl

¿Qué cuesta...	**Quel est le prix...**	*kel e lê pri*
... para una autocaravana?	**... pour un camping-car ?**	*pur a^{n} ka^{n}ping kar*
... para un bungalow?	**... pour un bungalow ?**	*pur a^{n} ba^{n}galo*

... para una caravana?	**... pour une caravane ?**	*pur în karavan*
... para un coche?	**... pour une voiture ?**	*pur în vuatîr*
... por un día / una semana?	**... par jour/semaine ?**	*par yur / sêmen*
... para una tienda?	**... pour une tente ?**	*în ta^{n}t*

¿Tiene el camping...	**Est-ce que le camping a...**	*eskê lê ka^{n}ping a*
... aparcamiento?	**... un parking ?**	*a^n parking*
... lavandería?	**... une laverie ?**	*în lavri*
... piscina?	**... une piscine ?**	*în pisin*
... supermercado?	**... un supermarché ?**	*a^n sîpermarshe*

un abrebotellas	**un ouvre-bouteille**	*a^n nuvrê butei*
un abrelatas	**un ouvre boîte**	*a^n nuvrê buat*
un botiquín de primeros auxilios	**une trousse de premiers secours**	*în trus dê prêmie sêkur*
las cerillas	**des allumettes**	*de salîmet*
una linterna	**une lampe de poche**	*în la^{n}p dê posh*
una olla / un cazo	**une casserole**	*în kasrol*
el papel higiénico	**le papier toilette**	*lê papie tualet*
repelente de mosquitos	**de l'antimoustique**	*dê la^{n}timustik*
un sacacorchos	**un tire-bouchon**	*a^n tir busho^n*
un saco de dormir	**un sac de couchage**	*a^n sak dê kushash*
las toallas	**des serviettes**	*de serviet*

La acampada libre está prohibida.
Le camping sauvage est interdit.
lê ka^{n}ping sovash e ta^{n}terdi

Árboles y plantas

El paisaje francés es demasiado variado para realizar un listado exhaustivo de su flora, pero te damos una lista con la mayoría de árboles y plantas que te puedes encontrar.

un abedul	**un bouleau**	*a^n bulo*
un abeto	**un sapin**	*a^n sapa^n*
un álamo	**un peuplier**	*a^n pêplie*
el brezo	**la bruyère**	*la brîier*
un castaño	**un marronnier**	*a^n maronie*
un cedro	**un cèdre**	*a^n sedr*
la genista	**des ajoncs**	*de sajo^n*
los helechos	**des fougères**	*de fuyer*
una haya	**un hêtre**	*a^n hetrê*
el laurel	**le laurier**	*lê lorie*
un olivo	**un olivier**	*a^n nolivie*
una picea	**un épicéa**	*a^n nepisea*
un pino	**un pin**	*a^n pa^n*
un plátano	**un platane**	*a^n platan*
la retama	**le genêt**	*lê yêne*
un roble	**un chêne**	*a^n shen*
un sauce	**un saule**	*a^n sol*

Animales

El mejor sitio para avistar animales salvajes en Francia es cualquiera de sus muchos parques nacionales y reservas naturales, aunque las especies más comunes se pueden ver merodeando por el campo.

un aguila	**un aigle**	*a^n negl*
una ardilla	**un écureuil**	*a^n nekîrêi*
un búho	**un hibou**	*a^n ibu*
un castor	**un castor**	*a^n kastor*
un cernícalo	**une buse**	*în bîs*
una cierva / un ciervo	**une biche / un cerf**	*în bish / a^n ser*
un flamenco	**un flamant (rose)**	*a^n flama^n (ros)*

una garza	**un héron**	a^n ero^n
una gaviota	**une mouette**	în muet
un gorrión	**un moineau**	a^n muano
un halcón	**un faucon**	a^n foko^n
un jabalí	**un sanglier**	a^n sa^{n}glie
una liebre	**un lièvre**	a^n lievr
una oca	**une oie**	în ua
un oso	**un ours**	a^n nurs
un pato	**un canard**	a^n kanar
un petirrojo	**un rouge-gorge**	a^n rush gorsh
una rana	**une grenouille**	în grênui
una serpiente	**un serpent**	a^n serpa^n
un tejón	**un blaireau**	a^n blero
una trucha	**une truite**	în trîit
un zorro	**un renard**	a^n rênar

Insectos y alergias

Necesito un antídoto para la mordedura de víbora.
J'ai besoin d'un antidote contre les morsures de vipère.
ye bêsua^n da^n na^{n}tidot ko^{n}trê le morsîr dê viper

¡Soy alérgico a las picaduras de avispa!
Je suis allergique aux piqûres de guêpes !
yê sui salershik o pikîr dê guep

Quisiera un repelente de mosquitos, por favor.
J'aimerais de l'antimoustique, s'il vous plaît.
yemêre dê la^{n}timustik sil vu ple

una abeja	**une abeille**	în abei
una araña	**une araignée**	în areñe

un abejorro	**un frelon**	*a^n frêlo^n*
una cucaracha	**un cafard**	*a^n kafar*
un escorpión	**un scorpion**	*a^n skorpio^n*
una garrapata	**une tique**	*în tik*
una mosca	**une mouche**	*în mush*
una oruga	**une chenille**	*în shêniy*

Efectos y tratamiento

un antihistamínico	**un antihistaminique**	*a^n a^{n}tiistaminik*
un antiinflamatorio	**un anti-inflammatoire**	*a^n a^{n}ti a^{n}flamatuar*
inflamar	**enfler**	*a^{n}fle*
la fiebre del heno	**le rhume des foins**	*lê rîm de fua^n*
una mordedura	**une morsure**	*în morsîr*
una picadura	**une piqûre**	*în pikîr*
una reacción alérgica	**une réaction allergique**	*în reaksio^n aleryik*
vacuna	**un vaccin**	*a^n vaksa^n*
veneno	**le venin**	*lê vêna^n*

↗ Alojamiento

Hacer una reserva

¿Cuánto cuesta una habitación doble?
Combien coûte une chambre double ?
ko^{n}bia^n kut în sha^{n}brê dubly

¿Está incluido el desayuno?
Le petit déjeuner est-il compris ?
lê pêti dejêne etil ko^{n}pri

Quisiera reservar una habitación...	**Je voudrais réserver une chambre...**	*yê vudre reserve în sha^{n}br*
... con dos camas.	**... avec deux lits.**	*avek dê li*
... sencilla.	**... simple.**	*sa^{n}pl*
... para una noche.	**... pour une nuit.**	*pur în nui*

¿La habitación tiene...	**Est-ce qu'il y a ... dans la chambre ?**	*eskilia ... da^n la sha^{n}brê*
... aire acondicionado?	**la climatisation**	*la klimatisasio^n*
... balcón?	**un balcon**	*a^n balko^n*
... bañera?	**une baignoire**	*în benuar*
... caja fuerte?	**un coffre-fort**	*a^n kofrê for*
... una cama doble?	**un lit double**	*a^n li dubl*
... nevera?	**un frigo**	*a^n frigo*
... televisión?	**une télévision**	*în televisio^n*
... TV por cable?	**le câble**	*lê kabl*

un albergue	**un gîte**	*a^n yit*
un albergue juvenil	**une auberge de jeunesse**	*în obersh dê jênes*
un apartamento amueblado	**un appartement meublé**	*a^n napartma^n mêble*
una habitación en casa rural	**une chambre d'hôte**	*în sha^{n}brê dot*
una habitación de fumador	**une chambre fumeur**	*în sha^{n}brê fîmêr*
una habitación de no fumador	**une chambre non fumeur**	*în sha^{n}brê no^n fîmêr*
un hotel	**un hôtel**	*a^n notel*
una reserva	**une réservation**	*în reservasio^n*

En el hotel

¿Tiene una habitación disponible?
Avez-vous une chambre disponible ?
ave vu în sha^{n}br disponibl

¿Para cuántas noches/personas?
Pour combien de nuits/personnes ?
pur ko^{n}bia^n dê nui / person

He reservado una habitación a nombre de...
J'ai réservé une chambre au nom de...
ye reserve în sha^{n}br o no^n dê

Quisiera una habitación con vistas al mar.
J'aimerais une chambre avec vue sur la mer.
yemêre în sha^{n}br avek vî sîr la mer

¿Puede despertarnos mañana a las 7?
Pouvez-vous nous réveiller demain à 7 heures ?
puve vu nu reveie dêma^n a set êr

¿A qué hora tenemos que dejar la habitación?
À quelle heure devons-nous quitter/libérer la chambre ?
a kel êr dêvo^n nu kite / libere la sha^{n}br

¿Hay...	**Y a-t-il... ?**	*iatil*
... aparcamiento?	**... un parking ?**	*a^n parking*
... bar?	**... un bar ?**	*a^n bar*
... gimnasio?	**... une salle de gym ?**	*în sal dê yim*

¿Nos podría dar...	Pourrions-nous avoir...	purio^{n} nu avuar
... otra almohada?	... un oreiller supplémentaire ?	a^{n} noreie sîplema^{n}ter
... un calientabiberones?	... un chauffe-biberon ?	a^{n} shof bibro^{n}
... una cama supletoria?	... un lit d'appoint ?	a^{n} li dapua^{n}
... una cuna?	... un lit d'enfant ?	a^{n} li da^{n}fa^{n}
... una manta?	... une couverture ?	în kuvertîr

El aire acondicionado...	La climatisation...	la klimatisasio^{n}
El grifo...	Le robinet...	lê robine
El interruptor...	L'interrupteur...	la^{n}terîptêr
El secador de pelo...	Le sèche-cheveux...	lê sesh shêvê
La calefacción...	Le chauffage...	lê shofash
La lámpara...	La lampe...	la la^{n}p
La televisión...	La télévision...	la televisio^{n}
Los baños...	Les toilettes...	le tualet
Un enchufe...	Une prise...	în pris
Una bombilla...	Une ampoule...	în a^{n}pul
... no funciona(n).	... ne marche(nt) pas.	nê marsh pa
... está(n) roto/-a(s).	... est/sont cassé(es).	e / so^{n} kase

Pagar

Quisiera abonar la cuenta.
J'aimerais régler ma note.
yemêre regle ma not

Pagaré con tarjeta de crédito / en efectivo.
Je vais payer avec ma carte bancaire / en espèces.
yê ve peie avek ma kart ba^{n}ker/a^{n} nespes

Necesito una factura.
J'ai besoin d'une facture.
ye bêsua^n dîn faktîr

Comer y beber

Probar su cocina es la **raison d'être** para algunos al visitar Francia. Hay un amplio abanico de tipos de restaurantes, desde las concurridas brasseries locales a los refinados establecimientos con estrellas Michelin. **Le déjeuner** *comida* y **le dîner** *cena* pueden consistir en varios platos: un **hors-d'œuvre** o **entrée** *el entrante*, el **plat principal** *el plato principal*, seguido de **fromage** *queso* y/o un **dessert** *postre*. Casi siempre hay un **menu**, que resulta más barato que pedir **à la carte**.

Al igual que en España, el servicio suele estar incluido en el precio, por lo que los clientes solo suelen dejar unas monedas como muestra de agradecimiento, excepto en los restaurantes caros.

En el restaurante

Quisiera reservar una mesa para cuatro personas a las 8.
J'aimerais réserver une table pour quatre personnes pour 20 heures.
yemêre reserve în tablê pur katrê person pur va^{n}t êr

Lo siento, estamos completos.
Je suis désolé(e) mais nous sommes complets.
yê sui desole me nu som ko^{n}ple

¿Tiene usted reserva?
Avez-vous une réservation ?
ave vu în reservasio^n

He reservado una mesa a nombre de...
J'ai réservé une table au nom de...
ye reserve în tabl o no^n dê

Me gustaría pedir, por favor.
J'aimerais commander s'il vous plaît.
yemêre koma^{n}de sil vu ple

¿Me puede traer la carta?
Pourriez-vous m'apporter la carte ?
purie vu maporte la kart

¿Han elegido?
Avez-vous choisi ?
ave vu shuasi

Voy a tomar el menú.
Je vais prendre le menu.
yê ve pra^{n}drê lê mênî

De entrada/plato principal/postre, tomaré...
En entrée/en plat principal/en dessert, j'aimerais...
a^n na^{n}tre / a^n pla pra^{n}sipal / a^n deser yemêre

¿Qué van a beber?
Qu'est-ce que vous allez boire ?
keskê vu sale buar

¡La cuenta, por favor!
L'addition, s'il vous plaît !
ladisio^n sil vu ple

Me gustaría la carne...	*J'aimerais la cuisson...*	*yemêre la kuiso^n*
... al punto.	**... à point.**	*a pua^n*
... muy hecha.	**... bien cuite.**	*bia^n kuit*
... muy poco hecha.	**... bleue.**	*blê*
... poco hecha.	**... saignante.**	*seña^{n}t*

Especialidades y platos tradicionales

Cada zona de Francia tiene sus propios platos regionales que reflejan su historia particular, su clima y sus costumbres. Esta es una breve guía de algunos de los más famosos:

• **La quiche lorraine** *[la kish loren]*: quiche con huevo, nata, queso y bacon. (**Lorraine** – *Lorena*)

• **Le bœuf bourguignon** *[lê bêf burguiño^n]*: estofado de ternera guisada en vino tinto con bacon, zanahorias y champiñones. (**Bourgogne** – *Borgoña*)

• **Le coq au vin** *[lê kok o va^n]*: pollo guisado en vino tinto. (**Bourgogne**)

• **Les cuisses de grenouille** *[le kuis dê grênui]*: ancas de rana, generalmente preparadas con mantequilla, ajo y perejil.

• **La bouillabaisse** *[la buyabes]*: guiso de pescado hecho con verduras, marisco, azafrán y ajo. (**Provence** – *Provenza*)

- **Le cassoulet** *[lê kasule]*: contundente estofado de pato, salchichas y alubias. (Sudoeste de Francia)

- **La blanquette de veau** *[la bla^{n}ket dê vo]*: estofado de ternera con zanahorias, cebollas y setas, que se sirve con una salsa cremosa blanca y se acompaña con arroz.

- **La choucroute** *[la shukrut]*: col fermentada con patatas, salchichas y otras carnes ahumadas (charcuterie). (**Alsace** – *Alsacia*)

- **Le foie gras** *[lê fua gra]*: hígado de pato o de oca que ha sido deliberadamente engordado. Se puede tomar frío o caliente.

- **Le gigot d'agneau** *[lê yigo daño]*: pierna de cordero asada con ajo y romero, frecuentemente acompañada de judías verdes.

- **Le pot au feu** *[lê potofê]*: estofado de ternera con tuétano, salchichas y verduras como zanahorias, nabos, puerros, cebollas o repollo, que a menudo se toma con mostaza fuerte.

- **La ratatouille** *[la ratatui]*: berenjenas, cebollas, tomates, pimientos, calabacines, hierbas y ajo guisados. (Provenza)

- **La crème brûlée** *[la krem brîle]*: es un postre que consiste en una generosa base de natillas cubierta de una fina capa de caramelo duro.

- **La crème caramel** *[la krem karamel]*: postre de natillas cubierto con caramelo líquido.

- **La tarte tatin** *[la tart tata^{n}]*: es una tarta de manzanas caramelizadas dada la vuelta.

Algunos manjares dulces están asociados a determinadas fiestas religiosas y solo se pueden encontrar en esa época del año:

• **La bûche de Noël** *[la bîsh dê noel]*: un postre tradicional navideño consistente en un brazo de gitano de bizcocho esponjoso relleno de chocolate y crema de mantequilla y cubierto con azúcar glaseado.

• **La galette des rois** *[la galet de rua]*: pastel hojaldrado relleno de mazapán. El pastel contiene una pequeña figura (**la fève**), que si te toca en tu trozo, ¡serás coronado rey o reina!

Vocabulario de comida

Este es un vocabulario que puedes necesitar al salir a comer o al comprar comida en el mercado. Si prefieres alimentos ecológicos, busca la etiqueta **biologique** *[bioloshik]* o **bio** *[bio]*.

Carne **la viande** *[viand]*, *aves* **la volaille** *[volai]*
y charcutería **la charcuterie** *[sharkîtri]*

buey/vaca	**du bœuf**	*dî bêf*
caracoles	**des escargots**	*de seskargo*
caza	**du gibier**	*dî yibie*
cerdo	**du porc**	*dî por*
ciervo	**du chevreuil**	*dî shêvrêi*
codorniz	**une caille**	*în kai*
conejo	**du lapin**	*dî lapa^n*
cordero	**de l'agneau**	*dê laño*
jabalí	**du sanglier**	*dî sa^{n}glie*

jamón (curado)	**du jambon (cru)**	*dî ja^{n}bo^n (krî)*
pavo	**de la dinde**	*dê la da^{n}d*
pollo	**du poulet**	*dî pule*
salchicha	**une saucisse**	*în sosis*
salchichón	**du saucisson**	*dî sosiso^n*
ternera	**du veau**	*dî vo*

Pescado **le poisson** *[puaso^n]* *y marisco* **les fruits de mer** *[frui dê mer]*

atún	**du thon**	*dî to^n*
bacalao fresco	**du cabillaud**	*dî kabio*
bogavante	**du homard**	*dî omar*
cangrejo	**du crabe**	*dî krab*
dorada	**de la daurade**	*dê la dorad*
langosta	**de la langouste**	*dê la la^{n}gust*
langostinos/camarones/ gambas	**des gambas/crevettes**	*de ga^{n}bas / krêvet*
lubina	**du bar/du loup**	*dî bar/dî lu*
mejillones	**des moules**	*de mul*
ostras	**des huîtres**	*de suitr*
rape	**de la lotte**	*dê la lot*
salmón	**du saumon**	*dî somo^n*
salmonete	**du rouget**	*dî rushe*
sardinas	**des sardines**	*de sardin*
sepia	**de la seiche**	*dê la sesh*
trucha	**de la truite**	*dê la truit*
vieiras	**des coquilles Saint-Jacques**	*de kokiy sa^n jak*

Frutas **les fruits** *[frîi] y verduras* **les légumes** *[legîm]*

aceitunas	**des olives**	*de soliv*
albaricoque	**un abricot**	*a^n nabriko*
apio	**du céleri**	*dî selri*
cebolla	**un oignon**	*a^n noño^n*
cerezas	**des cerises**	*de sêris*
champiñones	**des champignons**	*de sha^{n}piño^n*
coliflor	**un chou-fleur**	*a^n shu flêr*
frambuesa	**une framboise**	*în fra^{n}buas*
fresa	**une fraise**	*în fres*
guisantes	**des petits pois**	*de pêti pua*
judías verdes	**des haricots verts**	*de ariko ver*
lechuga	**de la salade**	*dê la salad*
manzana	**une pomme**	*în pom*
melocotón	**une pêche**	*în pesh*
melón	**du melon**	*dî mêlo^n*
naranja	**une orange**	*în ora^{n}sh*
patatas	**des pommes de terre**	*de pom dê ter*
pepino	**un concombre**	*a^n ko^{n}ko^{n}br*
pera	**une poire**	*în puar*
piña	**un ananas**	*a^n nananas*
plátano	**une banane**	*în banan*
tomate	**une tomate**	*în tomat*
uvas	**du raisin**	*dî resa^n*
zanahoria	**une carotte**	*în karot*

Otras comidas

aceite	**de l'huile**	*dê luil*
ajo	**de l'ail**	*dê lai*
arroz	**du riz**	*dî ri*
azúcar	**du sucre**	*dî sîkr*
caramelos	**des bonbons**	*de bo^{n}bo^n*
chocolate	**du chocolat**	*dî shokola*
galletas	**des biscuits**	*de biskîi*
harina	**de la farine**	*dê la farin*
helado	**de la glace**	*dê la glas*
huevos	**des œufs**	*de sê*
lentejas	**des lentilles**	*de la^{n}ti*
mantequilla	**du beurre**	*dî bêr*
mermelada	**de la confiture**	*dê la ko^{n}fitîr*
mostaza	**de la moutarde**	*dê la mutard*
pan	**du pain**	*dî pa^n*
pastel	**un gâteau**	*a^n gato*
patatas fritas (de bolsa)	**des chips**	*de ships*
patatas fritas (de sartén)	**des frites**	*de frit*
pepinillos	**des cornichons**	*de kornisho^n*
queso	**du fromage**	*dî fromash*
sal y pimienta	**du sel et du poivre**	*dî sel e dî puavr*
sopa	**une soupe**	*în sup*
vinagre	**du vinaigre**	*dî vinegr*

Cantidades

bastante	**assez**	*ase*
más	**plus**	*plîs*
medio kilo	**cinq cents grammes**	*sa^n(k) sa^n gram*
mucho	**beaucoup**	*boku*

una botella de	**une bouteille de**	*în butei dê*
un kilo	**un kilo**	*a^n kilo*
un paquete (de)	**un paquet (de)**	*a^n pake (dê)*
un pedazo (de)	**un morceau (de)**	*a^n morso (dê)*
un poco (de)	**un peu (de)**	*a^n pê (dê)*
un puñado (de)	**une poignée (de)**	*în puañe (dê)*
una rebanada/rodaja/ loncha (de)	**une tranche (de)**	*în tra^{n}sh (dê)*

Métodos de preparación

a la espalda	**revenu**	*rêvênî*
a la plancha	**poêlé**	*puale*
ahumado	**fumé**	*fîme*
al vapor	**à la vapeur**	*a la vapêr*
asado (al horno)	**cuit au four**	*kui o fur*
asado (a la brasa)	**grillé**	*grie*
asado (rustido)	**rôti**	*roti*
escalfado	**poché**	*poshe*
estofado	**cuit en ragoût**	*kui a^n ragu*
frito	**frit**	*fri*
hervido	**bouilli**	*bu-i*
marinado	**mariné**	*marine*
picado	**hâché**	*ashe*
relleno	**farci**	*farsi*

Otros términos que puedes encontrar en el menú…

aguja (en ternera) magret (en aves)	**aiguillettes**	*eguiet*
ala	**aile**	*el*
redondo (de ternera)	**bavette**	*bavet*
verduras crudas	**crudités**	*krîdite*
muslo	**cuisse**	*kuis*

en lonchas/láminas	**émincé**	*ema^{n}se*
empanado	**en croûte**	*a^{n} krut*
en adobo	**en daube**	*a^{n} dob*
solomillo bajo	**faux-filet**	*fo file*
surtido	**méli-mélo**	*meli melo*
solomillo de pulmón	**onglet**	*o^{n}gle*
picante	**piquant/relevé**	*pika^{n} / rêlêve*
tartar (carne o pescado fileteado crudo)	**tartare**	*tartar*

Quesos

Hay tal variedad de quesos en Francia que cada día del año podrías probar uno diferente. Básicamente hay tres tipos de quesos: prensados, o quesos duros, quesos blandos y queso azul. Pueden estar hechos de diferentes tipos de leche: leche de vaca (**le lait de vache**), leche de cabra (**le lait de chèvre**) o leche de oveja (**le lait de brebis**). Hay muchas variaciones en las diferentes regiones francesas, cada una especializada en unos tipos de queso específicos. Estos son algunos de los más conocidos:

Quesos prensados

Le Cantal: queso de Auvernia parecido al cheddar.

Le Comté: queso de Franco-Condado que es parecido aunque más fuerte que el gruyère.

Le Reblochon: sabroso y tierno queso prensado hecho en los Alpes de sabor fuerte y textura cremosa.

Le Beaufort: queso de los Alpes similar al Comté, pero más fuerte.

Quesos blandos

Le Brie: suave queso cremoso con una suave corteza blanca comestible de Meaux o Melun.

Le Camembert: queso de Normandía que debe ser cremoso por dentro, pero no debe derramarse.

Le Munster: queso bastante fuerte de Lorena que a veces se condimenta con comino.

Le Mont d'Or: queso estacional de corteza lavada de Franco-Condado de sabor fuerte.

Queso azul

Le Roquefort: queso hecho de leche de oveja de Mediodía-Pirineos.

Le Bleu des Causses: queso fuerte de leche de vaca hecho en la misma zona que el Roquefort.

Bebidas

Los vinos franceses son famosos en todo el mundo, pero las etiquetas pueden ser difíciles de descifrar para los no iniciados. La viticultura está muy regulada y las etiquetas deben indicar la categoría del vino: **vin de table** *vino de mesa*, **vin de pays** *vino de la tierra (región)* o **vin d'appellation d'origine contrôlée (AOC)**, *vinos con denominación de origen controlada,* vinos que tienen que estar hechos con uvas de viñedos de una zona específica y con determinadas variedades de uvas. Las principales regiones vinícolas son **Alsace** a la orilla del río Rin (con vinos como el Riesling y el Gewürztraminer), **Beaujolais** en el centro-este de Francia, **Bordeaux** en la costa atlántica, **Bourgogne**, conocida en español como Borgoña, **Champagne**, **Charente** (Cognac), **Corse** (Córcega), **Jura** cerca de Suiza, **Languedoc-Roussillon** en el sur de Francia, la **Loire** (Vouvray, Muscadet), **Provence** y **Rhône** en el sureste, **Savoie** en los Alpes, y **le Sud-Ouest** o suroeste. Hay tanto para elegir, que a veces la mejor opción consiste simplemente en pedir una sugerencia:

¿Qué nos recomienda?
Qu'est-ce que vous recommandez ?
keskê vu rêkoma^{n}de

Tomar una copa antes de la comida – **l'apéritif** – es un ritual social en Francia. Las bebidas más habituales de **apéritif** incluyen oporto, Martini, pastis o Ricard (anisado), Suze (bitter francés), cerveza, sidra, champán o whisky, y pueden variar en función de la región. **L'apéritif** se sirve a menudo con galletas saladas, cacahuetes, aceitunas, queso o salchichón y ¡puede llevar su tiempo! La bebida que se toma después de la cena se llama **le digestif**. Puede consistir en **eaux de vie** (aguardientes de frutas), brandy, licores u oporto.

la carta de vinos	**la carte des vins**	*la kart de va^n*
sidra	**(du) cidre**	*(dî) sidr*
un vaso de...	**un verre de...**	*a^n ver dê*
un vaso de cerveza/ una caña (200 ml.)	**un demi (250 ml.)**	*a^n dêmi*
una cerveza	**une bière**	*în bier*
una cerveza de barril	**une pression**	*în presio^n*
una clara	**un panaché**	*a^n panashe*
una degustación de vino	**une dégustation de vin**	*în degîstasio^n dê va^n*

una jarra de vino	**un pichet de vin**	*a^n pishe dê va^n*
vino blanco	**vin blanc**	*va^n bla^n*
vino rosado	**vin rosé**	*va^n rose*
vino tinto	**vin rouge**	*va^n rush*

¡Salud! **Santé !** *[sa^{n}te]*

Otras bebidas

Tomaré...	**Je vais prendre...**	*yê ve pra^{n}drê*
... agua con gas.	**... de l'eau gazeuse.**	*dê lo gasês*
... agua mineral.	**... de l'eau minérale.**	*dê lo mineral*
... una infusión.	**... une infusion.**	*în a^{n}fîsio^n*
... una limonada/una gaseosa.	**... de la limonade.**	*dê la limonad*
... sirope.	**... du sirop.**	*dî siro*
... un té (helado)	**... du thé (glacé).**	*dî te (glase)*
... un vaso/una jarra de agua.	**... un verre/une carafe d'eau.**	*a^n ver / în karaf do*
... un zumo de frutas.	**... un jus de fruit.**	*a^n yî dê frui*
... un zumo de naranja/ limón recién exprimido.	**... une orange pressée/ un citron pressé.**	*în ora^{n}sh prese / a^n sitro^n prese*

De compras

Tiendas y servicios

La mayoría de las tiendas abren de lunes a sábado (aunque algunas cierran los lunes). Los horarios de apertura varían según la región y el tamaño de la ciudad; muchas tiendas pequeñas cierran a la hora de comer.

Estoy buscando...	**Je cherche...**	*yê shersh*
... un banco.	**... une banque.**	*în ba^{n}k*
... una bodega.	**... un caviste.**	*a^n kavist*
... la caja.	**... la caisse.**	*la kes*
... una carnicería.	**... une boucherie.**	*în bushri*
... una confitería.	**... une confiserie.**	*în ko^{n}fisri*
... un estanco.	**... un bureau de tabac.**	*a^n bîro dê taba*
... una farmacia.	**... une pharmacie.**	*în farmasi*
... una floristería.	**... un fleuriste.**	*a^n flêrist*
... una frutería.	**... un marchand de légumes.**	*a^n marsha^n dê legîm*
... unos grandes almacenes.	**... un grand magasin.**	*a^n gra^n magasa^n*
... una heladería.	**... un glacier.**	*a^n glasie*
... una joyería.	**... une bijouterie.**	*în biyutri*
... un mercado.	**... un marché.**	*a^n marshe*
... una panadería.	**... une boulangerie.**	*în bula^{n}shri*
... una pastelería.	**... une pâtisserie.**	*în patisri*
... una peluquería.	**... un coiffeur.**	*a^n kuafêr*
... una pescadería.	**... une poissonnerie.**	*în puasonri*
... un supermercado.	**... un supermarché.**	*a^n sîpermarshe*
... una tienda de bricolaje.	**... un magasin de bricolage.**	*a^n magasa^n dê brikolash*
... una tienda de comestibles.	**... une épicerie.**	*în episri*
... una tienda de deportes.	**... un magasin de sport.**	*a^n magasa^n dê spor*
... una zapatería	**... un magasin de chaussures.**	*a^n magasa^n dê shosîr*
... un zapatero.	**... un cordonnier.**	*a^n kordonie*

¿Le puedo ayudar?

Avez-vous besoin d'aide ?

ave vu bêsua^n ded

Es mi turno. / Me toca a mí.
C'est à moi.
se ta mua

¿Cuánto es?
C'est combien ?
se ko^{n}bia^{n}

¿Algo más?
Autre chose ?
otrê shos

Son 7 euros con 80.
Ça fait sept euros quatre-vingts.
sa fe set êro katrê va^{n}

Libros, periódicos, revistas y música

Los principales diarios franceses son ***Le Monde*** (centro-izquierda), ***Le Figaro*** (conservador), ***Libération*** (ala izquierda), ***L'Humanité*** (muy izquierda) and ***L'équipe*** (un periódico deportivo que es uno de los diarios más vendidos en Francia).

¿Tiene algún periódico en español?
Avez-vous des journaux en espagnol ?
ave vu de yurno a^{n} español

Estoy buscando...	**Je cherche...**	*yê shersh*
... una biblioteca.	**... une bibliothèque.**	*în bibliotek*
... un CD.	**... un CD.**	*a^{n} sede*
... un cómic.	**... une bande dessinée.**	*în ba^{n}d desine*
... una guía turística.	**... un guide touristique.**	*a^{n} guid turistik*

... una librería.	**... une librairie.**	*în libreri*
... un libro (infantil).	**... un livre (pour enfant).**	*a^{n} livr (pur a^{n}fa^{n})*
... un libro de recetas.	**... un livre de recettes.**	*a^{n} livr dê rêset*
... un mapa de carreteras.	**... une carte routière.**	*în kart rutier*
... una novela.	**... un roman.**	*a^{n} roma^{n}*
... un quiosco.	**... un marchand de journaux.**	*a^{n} marsha^{n} dê yumo*

Lavandería y tintorería

¿Puede quitar esta mancha?
Pouvez-vous nettoyer cette tâche ?
puve vu netuaie set tash

¿Cuándo estará listo?
Quand est-ce que ce sera prêt ?
ka^{n} teskê sê sêra pre

un arreglo	**une retouche**	*în rêtush*
autoservicio de lavandería	**une laverie automatique**	*în lavri otomatik*
hacer un dobladillo	**faire un ourlet**	*fer a^{n} nurle*
lavar	**laver**	*lave*
planchar	**repasser**	*rêpase*
una tintorería	**un pressing**	*a^{n} presing*

Comprar ropa

Si te sientes tentado por la moda francesa:

¿Me puedo probar esto, por favor?
Puis-je essayer ceci ?
puish esaie sêsi

¿Dónde están los probadores?

Où se trouvent les cabines d'essayage ?

u sê truv le kabin desaiash

Me quedo esto.

Je le *(masc.)***/la** *(fem.)* **prends.**

yê lê / la pra^n

Ropa

Es demasiado...	C'est trop...	*se tro*
... corto.	**... court.**	*kur*
... grande.	**... grand.**	*gra^n*
... largo.	**... long.**	*lo^n*
... pequeño.	**... petit.**	*pêti*

¿Dónde está...	Où est...	*u e*
... la sección de niños/ caballeros/señoras?	**... le rayon enfants/ hommes/femmes ?**	*lê reio^n a^{n}fa^n / om / fam*

un abrigo	**un manteau**	*a^n ma^{n}to*
un bañador	**un maillot de bain**	*a^n mayo dê ba^n*
unos calcetines	**des chaussettes**	*de shoset*
un calzoncillo	**un boxer/caleçon**	*a^n bokser / kalso^n*
una camisa	**une chemise**	*în shêmis*
una camiseta	**un tee-shirt**	*a^n tishêrt*
un camisón	**une chemise de nuit**	*în shêmis dê nui*
un chaleco	**un gilet**	*a^n yile*
una chaqueta	**une veste**	*în vest*
una falda	**une jupe**	*în yîp*
un impermeable	**un imperméable**	*a^n na^{n}permeabl*
un jersey	**un pull(over)**	*a^n pîl(over)*

unas mangas largas/ cortas	**des manches longues/ courtes**	*de ma^{n}sh lo^{n}g / kurt*
unas medias	**des collants**	*de kola^n*
un pantalón	**un pantalon**	*a^n pa^{n}talo^n*
un pantalón corto	**un short**	*a^n short*
un pijama	**un pyjama**	*a^n piyama*
la ropa	**des vêtements**	*de vetma^n*
la ropa interior	**des sous-vêtements**	*de su vetma^n*
un sujetador	**un soutien-gorge**	*a^n sutia^n gorsh*
un traje	**un costume**	*a^n kostîm*
un vaquero	**un jean**	*a^n dyin*
un vestido	**une robe**	*în rob*

Calzado

unas botas	**des bottes**	*de bot*
unas chanclas	**des tongs**	*de to^{n}g*
el número (talla)	**la pointure**	*la pua^{n}tîr*
unas sandalias	**des sandales**	*de sa^{n}dal*
unos tacones	**des talons**	*de talo^n*
unas zapatillas	**des chaussons**	*de shoso^n*
unas zapatillas de deporte	**des baskets**	*de basket*
unos zapatos	**des chaussures**	*de shosîr*

Accesorios

un bolso	**un sac**	*a^n sak*
un bolso de mano	**un sac à main**	*a^n sak a ma^n*
una bufanda	**une écharpe**	*în esharp*
un cinturón	**une ceinture**	*în sa^{n}tîr*
un collar	**un collier**	*a^n kolie*
una corbata	**une cravate**	*în kravat*

unas gafas de sol	**des lunettes de soleil**	*de lînet dê solei*
una gorra	**une casquette**	*în kasket*
un gorro	**un bonnet**	*a^{n} bone*
unos guantes	**des gants**	*de ga^{n}*
unos pendientes	**des boucles d'oreille**	*de buklê dorei*
una pulsera	**un bracelet**	*a^{n} brasle*
un sombrero	**un chapeau**	*a^{n} shapo*

Colores y formas

Quisiera una camiseta de rayas azul claro.
J'aimerais un tee-shirt rayé bleu clair.
yemêre a^{n} ti shêrt reie blê kler

amarillo(-a)	**jaune**	*yon*
azul	**bleu(e)**	*blê*
blanco(-a)	**blanc/blanche**	*bla^{n} / bla^{n}sh*
claro(-a)	**clair(e)**	*kler*
negro(-a)	**noir(e)**	*nuar*
oscuroa(-a)	**foncé(e)**	*fo^{n}se*
rojo(-a)	**rouge**	*rush*
rosa	**rose**	*ros*
verde	**vert(e)**	*ver(t)*
violeta	**violet(te)**	*viole(t)*

Fumar

En Francia está prohibido fumar en el interior de los espacios públicos. Sin embargo, puedes fumar en las mesas de las terrazas de los cafés. Los estancos se identifican por sus carteles rojos en forma de rombo rotulados con la palabra **Tabac**.

una caja de cerillas	**une boîte d'allumettes**	*în buat dalîmet*
un cartón/paquete de cigarrillos	**une cartouche/un paquet de cigarettes**	*în kartush / a^{n} pake dê sigaret*
un cenicero	**un cendrier**	*a^{n} sa^{n}drie*
un estanco	**un bureau de tabac**	*a^{n} bîro dê taba*
un mechero	**un briquet**	*a^{n} brike*
el papel de liar	**du papier à cigarettes**	*dî papie a sigaret*
un puro	**un cigare**	*a^{n} sigar*
el tabaco de liar	**du tabac à rouler**	*dî taba a rule*

En la tienda de fotos

Quisiera imprimir unas fotos.
J'aimerais faire imprimer des photos.
yemêre fer a^{n}prime de foto

Mi cámara ni funciona bien.
Mon appareil photo ne marche pas bien.
mo^{n} naparei foto nê marsh pa bia^{n}

una cámara de vídeo	**une caméra**	*în kamera*
digital	**numérique**	*nîmerik*
un objetivo	**un objectif**	*a^{n} nobyektif*
papel con brillo	**du papier brillant**	*dî papie bria^{n}*
papel mate	**du papier mat**	*dî papie mat*
pilas	**des piles**	*de pil*
una tarjeta de memoria	**une carte mémoire**	*în kart memuar*
una tienda de fotos	**un magasin de photo**	*a^{n} magaza^{n} dê foto*

Artículos de aseo

una barra de labios	**un rouge à lèvres**	*a^{n} rush a levr*
un cepillo	**une brosse**	*în bros*
un cepillo de dientes	**une brosse à dents**	*în bros a da^{n}*
el champú	**du shampooing**	*dî sha^{n}pua^{n}*
un cortauñas	**un coupe-ongles**	*a^{n} kup o^{n}gl*
la crema	**de la crème**	*dê la krem*
las cuchillas de afeitar	**des lames de rasoir**	*de lam dê rasuar*
el dentífrico	**du dentifrice**	*dî da^{n}tifris*
un desmaquillador	**du démaquillant**	*dî demakia^{n}*
el desodorante	**du déodorant**	*dî deodora^{n}*
la espuma de afeitar	**de la crème à raser**	*dê la krem a rase*
el jabón	**du savon**	*dî savo^{n}*
una lima de uñas	**une lime à ongles**	*în lim a o^{n}gl*
una maquinilla de afeitar	**un rasoir**	*a^{n} rasuar*
los pañuelos	**des mouchoirs**	*de mushuar*
un peine	**un peigne**	*a^{n} peñ*
un perfume	**du parfum**	*dî parfa^{n}*
unas pinzas de depilar	**une pince à épiler**	*în pa^{n}s a epile*
un quitaesmaltes	**du dissolvant**	*dî disolva^{n}*

Recuerdos

Si vas a comprar un regalo, en la mayoría de las tiendas te los envuelven sin coste. Simplemente dile al dependiente: **C'est un cadeau.** *Es un regalo.*

¿Puede envolver esto para regalo?
Pouvez-vous faire un paquet cadeau ?
puve vu fer a^{n} pake kado

¿Tienen ustedes…?
Avez-vous… ?
ave vu

una bola de nieve	**une boule à neige**	*în bul a nesh*
unos bombones	**des chocolats**	*de shokola*
un imán	**un aimant**	*a^{n} nema^{n}*
un juguete	**un jouet**	*a^{n} yue*
un paño	**un torchon**	*a^{n} torsho^{n}*
una postal	**une carte postale**	*în kart postal*
un póster	**un poster**	*a^{n} poster*
un reloj	**une montre**	*în mo^{n}tr*
un reloj de pared/ un despertador	**une horloge/ un réveil**	*în orlosh / a^{n} revei*

Citas profesionales

Si estás en Francia por negocios, aquí tienes un vocabulario útil que te ayudará a desenvolverte.

Fijar una cita por teléfono

Hola, quisiera fijar una cita con...
Bonjour. Je voudrais prendre rendez-vous avec...
bonyur yê vudre prah^{n}dr ra^{n}de vu avek

No cuelgue. Le paso.
Ne quittez pas. Je vous le/la passe.
nê kite pa jê vu lê / la pas

Está libre el lunes a las 11:00. ¿Le va bien?
Il est disponible lundi à onze heures. Cela vous convient-il ?
il e disponibl la^{n}di a o^{n}s êr sêla vu ko^{n}via^n til

Cargos

el director/la directora de compras	**le directeur/la directrice des achats**	*lê direktêr / la direktris de sasha*
el director/la directora de marketing	**le directeur/la directrice marketing**	*lê direktêr / la direktris marketing*
el director/la directora de recursos humanos	**le directeur/ la directrice des ressources humaines**	*lê direktêr / la direktris de rêsurs sîmen*
el director/la directora de ventas	**le directeur/la directrice des ventes**	*lê direktêr / la direktris de va^{n}t*
el director/la directora general	**le directeur/la directrice général(e)**	*lê direktêr / la direktris yeneral*
el presidente director general / la presidenta directora general	**le président directeur général** (m)/ **la présidente directrice générale** (f) **(PDG)**	*lê presida^n direktêr yeneral / la presida^{n}t direktris yeneral (pe de ye)*
el/la gerente	**le gérant/la gérante**	*lê yera^n / la yera^{n}t*
el/la jefe(-a) de contabilidad	**le** (m)/**la** (f) **chef comptable**	*lê / la shef ko^{n}tabl*
el/la recepcionista	**le/la réceptionniste**	*lê / la resepsionist*
el/la responsable de personal	**le/la responsable du personnel**	*lê / la respo^{n}sablê dî personel*
el/la secretario(-a)	**le/la secrétaire**	*lê / la sêkreter*
un/una jefe de producto	**un/une chef de produit**	*a^n / în shef dê produi*

En el lugar de trabajo

un almacén	**un entrepôt**	*a^{n} na^{n}trêpo*
un(a) aprendiz	**un/une stagiaire**	*a^{n} / în stayier*
un departamento	**un service**	*a^{n} servis*
la dirección	**la direction**	*la direksio^{n}*
un ejecutivo	**un cadre**	*a^{n} kadr*
un(a) empleado(-a)	**un/une salarié(e)**	*a^{n} / în salarie*
un encargado	**un contremaître**	*a^{n} ko^{n}trêmetr*
una fábrica	**une usine**	*în îsin*
la línea de producción	**une chaîne de production**	*în shen dê prodîksio^{n}*
una oficina	**un bureau**	*a^{n} bîro*
el personal	**le personnel**	*lê personel*
una reunión	**une réunion**	*în reînio^{n}*
una sociedad/ una empresa	**une société/ entreprise**	*în sosiete / a^{n}trêpris*
un taller	**un atelier**	*a^{n} natêlie*
un(a) trabajador(-a) temporal	**un/une intérimaire**	*a^{n} / în a^{n}terimer*

Vocabulario de empresa

los accionistas	**les actionnaires**	*le saksioner*
la competencia	**la concurrence**	*la ko^{n}kîra^{n}s*
una compra	**un achat**	*a^{n} nasha*
el comprador	**l'acheteur**	*lashtêr*
comprar	**acheter**	*ashte*
los consumidores	**les consommateurs**	*le ko^{n}somatêr*
contratar	**embaucher**	*a^{n}boshe*
un contrato	**un contrat**	*a^{n} ko^{n}tra*
un coste	**un coût**	*a^{n} ku*
despedir	**licencier**	*lisa^{n}sie*
una factura	**une facture**	*în faktîr*

firmar	**signer**	*siñe*
un importe	**un montant**	*a^n mo^{n}ta^n*
una inversión	**un investissement**	*a^n na^{n}vestisma^n*
invertir	**investir**	*a^{n}vestir*
el IVA	**la TVA**	*la te ve a*
un mayorista	**un grossiste**	*a^n grosist*
un pago	**un paiement**	*a^n pema^n*
patrocinar	**sponsoriser**	*sponsorise*
un pedido	**une commande**	*în koma^{n}d*
un préstamo	**un prêt**	*a^n pre*
un presupuesto	**un budget**	*a^n bîdye*
un producto	**un produit**	*a^n produi*
un proveedor	**un fournisseur**	*a^n furnisêr*
una rebaja	**une remise**	*în rêmis*
rescindir	**résilier**	*resilie*
subcontratar	**sous-traiter**	*sutrete*
un subcontratista	**un sous-traitant**	*a^n su treta^n*
vender	**vendre**	*va^{n}dr*
la venta al detalle	**la vente au détail**	*la va^{n}t o detai*
el volumen de negocios	**le chiffre d'affaires**	*lê shifrê dafer*

Ferias y exposiciones

En toda Francia se organizan exposiciones y ferias internacionales, pero especialmente las encontramos en París. Entre las más visitadas encontramos el Salón Aeronáutico de París (**le Salon International de l'Aéronautique et de l'Espace**), el mayor evento de aeronáutica y aeroespacial del mundo; **le Mondial de l'Automobile** exposición de coches; la Exposición Internacional de Agricultura (**le Salon de l'Agriculture**) y la feria del libro (**le Salon du Livre**).

un centro de exposiciones	**un parc des expositions**	*a^n park de sexposisio^n*
exponer	**exposer**	*expose*
un expositor	**un exposant**	*a^n nexposa^n*
un palacio de congresos	**un palais des congrès**	*a^n pale de ko^{n}gre*
los profesionales	**les professionnels**	*le profesionel*
el público general	**le grand public**	*lê gra^n pîblik*
un salón	**un salon**	*a^n salo^n*
un stand	**un stand**	*a^n sta^{n}d*

Salud

Si necesitas atención médica...

Los residentes en la Unión Europea pueden pedir la Tarjeta Sanitaria Europea antes de viajar a otro país europeo. Esta les da acceso gratuito o a bajo coste a la sanidad pública en caso de enfermedad o accidente. Los visitantes de fuera de la UE deben pagar los tratamientos, por lo que deberían asegurarse de contar con un seguro médico (**une assurance maladie**).

¿Dónde está el hospital más cercano?
Où se trouve l'hôpital le plus proche ?
u sê truv lopital lê plî prosh

Necesito un médico inmediatamente.
J'ai besoin d'un médecin immédiatement.
ye bêsua^n da^n medsa^n imediatma^n

¿Puede llamar a una ambulancia?
Pouvez-vous appeler une ambulance ?
puve vu apêle în a^{n}bîla^{n}s

urgencias	**une urgence**	în îrya^{n}s
consulta médica	**un cabinet medical**	a^n kabine medikal
sala de espera	**une salle d'attente**	în sal data^{n}t

Síntomas

No me encuentro bien.

Je ne me sens pas bien.

yê nê mê sa^n pa bia^n

Tengo ganas de vomitar. / He vomitado.

J'ai envie de vomir. / J'ai vomi.

ye a^{n}vi dê vomir / je vomi

Tengo problemas para respirar.

J'ai du mal à respirer.

ye dî mal a respire

Tengo...	J'ai...	ye
... ardor de estómago.	**... des brûlures d'estomac.**	de brîlîr destoma
... diarrea.	**... de la diarrhée.**	dê la diare
... fiebre.	**... de la fièvre.**	dê la fievr
... la tensión alta/baja.	**... de la tension/ une baisse de tension.**	dê la ta^{n}sio^n / în bes dê ta^{n}sio^n
... tos.	**... une toux.**	în tu

Me gotea la nariz.

J'ai le nez qui coule.

ye lê ne ki kul

Soy/Estoy...	**Je suis...**	*yê sui*
... alérgico.	**... allergique.**	*aleryik*
... asmático.	**... asthmatique.**	*asmatik*
... diabético.	**... diabétique.**	*diabetik*
... enfermo.	**... malade.**	*malad*
... epiléptico.	**... épileptique.**	*epileptik*
... estreñido.	**... constipé(e).**	*ko^{n}stipe*

Estoy enfermo del corazón.	**Je suis cardiaque.**	*yê sui kardiak*
Me he cortado.	**Je me suis coupé(e).**	*yê mê sui kupe*
Me he quemado.	**Je me suis brûlé(e).**	*yê mê sui brîle*
Tengo vértigo.	**J'ai des vertiges.**	*ye de vertish*

Dolores y partes del cuerpo

Me duele/duelen...	**J'ai mal...**	*ye mal*
... el brazo.	**... au bras.**	*o bra*
... la cabeza.	**... à la tête.**	*a la tet*
... el codo.	**... au coude.**	*o kud*
... las costillas.	**... aux côtes.**	*o kot*
... el corazón.	**... au cœur.**	*o kêr*
... el cuello.	**... au cou.**	*o ku*
... los dedos.	**... aux doigts.**	*o dua*
... los dientes.	**... aux dents.**	*o da^n*
... la espalda.	**... au dos.**	*o do*
... el estómago.	**... au ventre.**	*o va^{n}tr*
... la garganta.	**... à la gorge.**	*a la gorsh*
... el hombro.	**... à l'épaule.**	*a lepol*
... la mano.	**... à la main.**	*a la ma^n*
... la muñeca.	**... au poignet.**	*o puañe*
... la nariz.	**... au nez.**	*o ne*

... la nuca.	**... à la nuque.**	*a la nîk*
... los oídos.	**... aux oreilles.**	*o sorei*
... los ojos.	**... aux yeux.**	*o siê*
... el pecho.	**... à la poitrine.**	*a la puatrin*
... el pie.	**... au pied.**	*o pie*
... la pierna.	**... à la jambe.**	*a la ya^{n}b*
... la rodilla.	**... au genou.**	*o yênu*
... el tobillo.	**... à la cheville.**	*a la shêvi*

Salud de la mujer

Tengo la regla. ¿Tiene algo para el dolor?
J'ai mes règles. Avez-vous des comprimés pour la douleur ?
ye me regl ave vu de ko^{n}prime pur la dulêr

Estoy embarazada.
Je suis enceinte.
yê sui sa^{n}sa^{n}t

un anticonceptivo	**un contraceptif**	*a^{n} ko^{n}traseptif*
cistitis	**une cystite**	*în sistit*
las compresas	**des serviettes hygiéniques**	*de serviet iyienik*
dar a luz	**accoucher**	*akushe*
un ginecólogo	**un gynécologue**	*a^{n} yinekolog*
una micosis	**une mycose**	*în mikos*
un parto	**un accouchement**	*a^{n} nakushma^{n}*
la píldora	**la pilule**	*la pilîl*
la píldora del día después	**la pilule du lendemain**	*la pilîl dî la^{n}dêma^{n}*
la regla	**les règles**	*le regl*
los tampones	**des tampons**	*de ta^{n}po^{n}*

Tratamiento

No se preocupe. No es grave.

Ne vous inquiétez pas. Ce n'est pas grave.

nê vu sa^{n}kiete pa sê ne pa grav

Tenemos que llevarle al hospital.

Nous devons vous emmener à l'hôpital.

nu dêvo^n vu sa^{n}mne a lopital

la apendicitis	**l'appendicite**	*lapa^{n}disit*
una bacteria	**une bactérie**	*în bakteri*
desgarrado(-a)	**déchiré(e)**	*deshire*
dislocado(-a)	**déboîté(e)**	*debuate*
la gripe	**la grippe**	*la grip*
infectado(-a)	**infecté(e)**	*a^{n}fekte*
una infección	**une infection**	*în a^{n}feksio^n*
una inflamación	**une inflammation**	*în a^{n}flamasio^n*
inflamado(-a)	**enflammé(e)**	*a^{n}flame*
una intoxicación alimentaria	**une intoxication alimentaire**	*în a^{n}toksikasio^n alima^{n}ter*
los microbios	**des microbes**	*de mikrob*
una neumonía	**une pneumonie**	*în pnêmoni*
roto(-a)	**cassé(e)**	*kase*
un resfriado	**un rhume**	*a^n rîm*
torcido(-a)	**foulé(e)**	*fule*
un virus	**un virus**	*a^n virîs*

¿Tengo que pagar el servicio médico?

Dois-je payer pour les soins ?

duash peie pur le sua^n

Aquí tiene su receta.
Voici votre ordonnance.
vuasi votr ordona^{n}s

Tenemos que...	**Nous devons...**	*nu dêvo^n*
... escayolarle la pierna.	**... plâtrer votre jambe.**	*platre votrê ja^{n}b*
... hacer algunas pruebas.	**... faire quelques examens.**	*feř kelkê segsama^n*
... hacer un análisis de sangre.	**... faire des analyses de sang.**	*fer de sanalis dê sa^n*
... hacer una radiografía.	**... faire une radio.**	*fer în radio*

Usted debe...	**Vous devez...**	*vu dêve*
... guardar cama.	**... rester au lit.**	*reste o li*
... operarse.	**... vous faire opérer.**	*vu fer opere*
... ponerse unas inyecciones.	**... vous faire faire des piqûres.**	*vu fer fer de pikîr*
... ser repatriado.	**... vous faire rapatrier.**	*vu fer rapatrie*
... tomar unos antibióticos.	**... prendre des antibiotiques.**	*pra^{n}drê de sa^{n}tibiotik*
... ver a un especialista.	**... voir un spécialiste.**	*vuar a^n spesialist*

En el dentista

Se me ha caído un empaste.
J'ai perdu un plombage.
ye perdî a^n plo^{n}bash

Se me ha roto la dentadura.
J'ai cassé mon dentier.
ye kase mo^n da^{n}tie

Tengo...	J'ai...	ye
... dolor de muelas.	**... mal aux dents.**	*mal o da^n*
... una corona.	**... une couronne.**	*în kuron*
... un flemón.	**... un abcès.**	*a^n nabse*
... una caries.	**... une carie.**	*în kari*

Tengo que...	Je dois...	yê dua
... desvitalizar su diente.	**... dévitaliser votre dent.**	*devitalise votrê da^n*
... sacarle el diente.	**... vous arracher la dent.**	*vu sarashe la da^n*

Abra la boca.	**Ouvrez la bouche.**	*uvre la bush*
Enjuáguese la boca.	**Rincez-vous la bouche.**	*ra^{n}se vu la bush*

En la óptica

Se me ha roto un cristal.
J'ai cassé un verre.
ye kase a^n ver

¿Puede arreglarme las gafas?
Pouvez-vous réparer mes lunettes ?
puve vu repare me lînet

Necesito...	J'ai besoin...	ye bêsua^n
... graduarme la vista.	**... de faire un examen de la vue.**	*dê fer a^n nexama^n dê la vî*
... lentes de contacto.	**... de lentilles de contact.**	*dê la^{n}ti dê ko^{n}takt*
... líquido para limpiar las lentillas.	**... d'une solution de nettoyage pour lentilles.**	*dîn solîsio^n dê netuaiash pur la^{n}ti*
... unas gafas de sol.	**... d'une paire de lunettes de soleil.**	*dîn per dê lînet dê solei*

En la farmacia

La pharmacie está señalizada con una cruz verde, que está encendida cuando la farmacia está abierta.

¿Dónde está la farmacia más cercana?
Où se trouve la pharmacie la plus proche ?
u sê truv la farmasi la plî prosh

¿Tiene una receta?
Avez-vous une ordonnance ?
ave vu în ordona^{n}s

Me puede dar algo para...	**Pouvez-vous me donner quelque chose pour...**	*puve vu mê done kelkê shos pur*
... el dolor de cabeza?	**... les maux de tête ?**	*le mo dê tet*
... el dolor de estómago?	**... des douleurs d'estomac ?**	*de dulêr destoma*
... el dolor de muelas?	**... le mal de dents ?**	*lê mal dê da^n*
... el estreñimiento?	**... la constipation ?**	*la ko^{n}stipasio^n*
... el mareo?	**... le mal des transports ?**	*lê mal de tra^{n}spor*
... la diarrea?	**... la diarrhée ?**	*la diare*
... la fiebre del heno?	**... le rhume des foins ?**	*lê rîm de fua^n*
... la fiebre?	**... la fièvre ?**	*la fievr*
... la migraña?	**... la migraine ?**	*la migren*
... la sinusitis?	**... la sinusite ?**	*la sinîsit*
... la tos?	**... la toux ?**	*la tu*
... las náuseas?	**... la nausée ?**	*la nose*
... las picaduras de insectos?	**... les piqûres d'insecte ?**	*le pikîr da^{n}sekt*
... las quemaduras?	**... les brûlures ?**	*le brîlîr*
... un resfriado?	**... un rhume ?**	*a^n rîm*

Quisiera...	**Je voudrais...**	*yê vudre*
... unas aspirinas.	**... de l'aspirine.**	*dê laspirin*
... una crema antiséptica.	**... de la crème antiseptique.**	*dê la krem a^{n}tiseptik*
... crema solar.	**... de la crème solaire.**	*dê la krem soler*
... un desinfectante.	**... du désinfectant.**	*dî desa^{n}fekta^n*
... gotas para los ojos.	**... des gouttes pour les yeux.**	*de gut pur le siê*
... jarabe para la tos.	**... du sirop contre la toux.**	*dî siro ko^{n}trê la tu*
... pañales.	**... des couches.**	*de kush*
... pastillas.	**... des comprimés.**	*de ko^{n}prime*
... pastillas para la garganta.	**... des pastilles pour la gorge.**	*de pasti pur la gorsh*
... un spray nasal.	**... un vaporisateur nasal.**	*a^n vaporisatêr nasal*
... un termómetro.	**... un thermomètre.**	*an termometr*
... vendas.	**... des pansements.**	*de pa^{n}sma^n*

Índice temático

A
Abreviaturas **86-87**
Accesorios **138-139**
Accidentes **84-85**, **97**
Acentos **47**
Aceptar invitaciones **74-75**
Actividades al aire libre **109-110**
Acuerdo y desacuerdo **61**
Adjetivos **22**, **25**, **33**, **49**
Aduanas **88-89**
Adverbios **49**, **56**
Agradecer **62**
Alergias **114-115**
Alfabeto **14**
Algunos **46**
Alimentos ecológicos **125**
Alojamiento **115-121**
Alquilar (bicicleta) **95**
Alquilar (coche) **98**
Amor **76**
Animales **113-115**
Animales domésticos **25**
Aparcar **97**, **99**
Árboles y plantas **112-113**
Artículo definido **21**
Artículo indefinido **23**
Artículos **21**, **23**, **56**
Artículos de aseo **141**
Aseos **86**
Aviones **90-91**
Ayuda **84-85**

B
Bancos **89**, **134**
Baños **120**
Beber **121-122**
Bebidas **131-133**
Bicicleta **87**, **95**

C
Café **23-24**, **28**, **118-119**
Calendario **80-81**
Calzado **138**
Cambio (dinero) **94**
Camping **111-112**
Cantidades **27**, **128-129**
Caravanas **111-112**
Carne **123-25**
Casa **33**
Charlar **75-76**
Citas profesionales **142**
Cocina **73**
Cocinar **32**
Colores **139**
Comer **121**
Comidas **123-131**
Compras **75**, **133**
Condicional (tiempo verbal) **27-28**, **39-40**
Conducir **49-50**, **97**
Conocer gente **65**
Control de pasaportes **88-89**
Correos **104**

Cuarto de baño **120**
Cuerpo (partes) **148-149**

D
Dar las gracias **62**
Deber **50**
Delitos **107**
Dentista **151-152**
Denunciar un robo **107**
Deportes **109-110**
Desacuerdo **61**
Desayuno **47**, **58**, **118-119**
Descripciones **33**
Desear (algo a alguien) **60-61**
Días **81**
Dinero **89-90**
Direcciones **100-101**
Dirigirse a alguien **23**, **59**
Disculparse **29**, **31**, **35**
Dolores **43**, **148-149**

E
Edad **69**
El/la (artículo) **21**
Emergencias **84-86**
Empresa **144-145**
Enfermedades **146**
Entenderse **55**
Entradas/billetes **86**, **102**, **108**, **110**
Especialidades (comida) **123-125**
Espectáculos **108**
Estaciones **29**, **91**, **101**
Estaciones del año **83**
Estado civil **69**
Esto/eso **54**
Estudiar **72**
Etiqueta **131**
Exposiciones **102-103**, **145-146**
Expresiones **43**, **61-64**, **80**

F
Familia **25-26**, **69-71**
Farmacia **134**, **153-154**
Fechas **81-83**
Femenino/masculino **20**, **22-23**, **26**, **49**
Ferias y exposiciones **145-146**
Festividades importantes **78-79**
Forma negativa **40**
Formal/informal (tratamiento) **65-66**
Formular preguntas **29**, **31**, **62**
Fotos **140**
Frecuencia **83-84**
Fruta **127**
Fumar **139-140**
Futuro (tiempo verbal) **53**

G
Gafas **111**, **152**
Género (gramática) **20-22**, **25**, **33**, **38**, **58**
Gustar **37**, **39**, **41**, **73-74**

H
Habitaciones **33-34**, **47**, **106**, **115-119**
Hacer **32**, **40**, **79**
Hacerse entender **64**
Hay **33**

Horas **80-81**
Hospital **146**, **150-151**
Hotel **57**, **116-120**

I

Idiomas **10**
Imperativo **35**
Imperfecto (tiempo verbal) **57**
Informal/formal (tratamiento) **65-66**
Informática **106-107**
Insectos **114-115**
Internet **106-107**
Invitaciones **74-75**
Ir **35-36**, **51**, **53**
Ir en bicicleta **95-96**

L

Lavandería **112**, **118**, **136**
Lenguaje corporal **63**
Letras mudas **14-15**
Letreros **86**
Libros **135-136**
Llamar por teléfono **31**, **105**, **142**
Lugar de trabajo **144**
Lugares de interés **103-104**

M

Marcharse **51**
Mareo **153**
Mascotas **25**
Masculino/femenino **20**, **22-23**, **26**, **49**
Médico **43**, **54**, **146-151**
Menús **121-122**, **129**
Mercado **27**, **125-133**
Meses **81-83**
Montar en bicicleta **95-96**
Museos **102-103**

N

Nacionalidades **68-69**
Nadar **110-111**
Negocios **142-145**
Niños **70**, **95**, **99**
Número (gramática) **25**, **33**, **38**, **58**
Números **solapas**

O

Ocasiones especiales **61**
Ocupaciones **71-72**, **143**
Oficina de correos **104**
Ojos **41-42**, **154**
Opiniones **73-74**
Óptica **152**
Ordenador **107**
Orientarse **100-101**
Origen **67-69**

P

Pagar la cuenta **120-121**
Países **67-68**
Palabras de enlace **41**
Panadería **35**, **134**
Partes del cuerpo **148-149**
Participio **46**, **50**
Pasado (tiempo verbal) **47-48**, **51-52**
Pasaporte **88**, **89**
Pedir **27-28**, **48**, **84**, **108**, **122**, **132**
Pedir ayuda **84-85**

Pedir disculpas **29, 31, 35**
Pedir perdón **64, 100, 105**
Películas **54, 108**
Peluquería **108-109**
Perder las pertenencias **107**
Periódicos **135-136**
Pescado **126**
Picaduras **114-115**
Piscina **110-111**
Plantas **112-113**
Platos tradicionales **123-125**
Playas **110-111**
Plural **21-23, 25, 27**
Policía **49, 72, 107**
Por favor **23**
Preguntas **29, 31, 43, 62**
Preposiciones de lugar **35**
Presentar(se) **19-20, 66**
Presente (tiempo verbal) **27, 32, 35, 45, 47, 53**
Problemas **119-120**
Problemas médicos **146-151**
Profesiones **71-72**
Pronombres **17, 35, 38, 44, 46, 52, 54-55**
Pronunciación **14-15, 47**

Q
Quedar (con alguien) **75**
Querer **27-28, 39**
Quesos **130-131**

R
Recuerdos (regalos) **141-142**
Religión **77**
Reservar **47, 115-117, 121-122**
Resolver problemas **119-120**
Restaurantes **121-133**
Reuniones (negocio) **142**
Robo **107**
Ropa **136-139**
Romper **120, 150-152**

S
Salir **51, 75**
¡Salud! **61**
Salud **146-154**
Saludar **59-60**
Sellos **104**
Señales **86**
Señales de carretera **99**
Ser **19, 53, 57-58**
Síntomas **43, 147-148**
Souvenirs **141-142**
Sr./Sra./Srta. **23, 60**
Superlativo **33**

T
Taxi **51, 94-95**
Teatro **51, 108**
Telefonear **31, 105, 142**
Tener **19-20**
Tener que **35, 50**
Tiempo (clima) **79-80**
Tiendas **133-135**
Tintorería **136**
Trabajo **37, 71-72, 144**
Tradiciones **77-78**
Transporte **90-99**
Transporte público **101-102**

Tratamientos médicos **150-151**
Tú/usted **17**, **59**

U
Urgencias **84**, **85**
Usted/tú **17**, **59**

V
Vacaciones **55**, **57**, **60**
Verbos reflexivos **51**
Verduras **127**
Viajar **29**, **88-93**
Viajar en autobús o en tren **91-93**
Viajar en avión **90-91**
Viajar en barco **93**
Viajar en coche **96-99**
Viajar por carretera **96-99**
Vida salvaje **113-114**
Vino **131-133**
Volar **90-91**

Z
Zapatos **138**

Francés - N° de edición: 4164
Acabado de imprimir en junio 2022
Impreso en Rumanía